跟着古诗文学写作

人物篇

郑连根　张　双◎著

GENZHE GUSHIWEN XUE XIEZUO

U0950123

济南出版社

图书在版编目（CIP）数据

跟着古诗文学写作. 人物篇 / 郑连根，张双著. -- 济南：济南出版社，2024.7

ISBN 978-7-5488-6202-4

Ⅰ. ①跟… Ⅱ. ①郑… ②张… Ⅲ. ①作文课 – 小学 – 教学参考资料 Ⅳ. ①G624.243

中国国家版本馆CIP数据核字(2024)第056777号

跟着古诗文学写作：人物篇

郑连根　张　双　著

出 版 人　谢金岭
责任编辑　李圣红　陶　静　李洪云
封面设计　八　牛
版式设计　李　一

出版发行　济南出版社
地　　址　山东省济南市二环南路1号（250002）
总 编 室　0531-86131715
印　　刷　济南新先锋彩印有限公司
版　　次　2024年7月第1版
印　　次　2024年7月第1次印刷
规　　格　148mm×210mm　32开
印　　张　6.25
字　　数　100千字
书　　号　ISBN 978-7-5488-6202-4
定　　价　36.00元

如有印装质量问题，请与出版社出版部联系调换
电话：0531-86131736

如何让学生写出高分作文

大家公认的语文学习有两大难点：一是写作；二是古文。只要突破了这两点，学起语文来就能驾轻就熟。这套《跟着古诗文学写作》，就是帮助学生突破这两个难点。写一篇作文不是很难，难在拿高分。而在字词、语句上下功夫，特别是引用一些古典诗词和古文佳句，是写好作文的一条捷径。一来古诗朗朗上口，读起来有韵味；二来古文知识含量高，言简意赅，可以节省笔墨。学生们若能熟读甚至背诵一些经典的词句，在写作文的时候恰当地引用，不但能提高写作文的效率，而且能给作文增光添彩，拿到高分。

想引用，就要先读懂。我们从传统典籍中选取一些适合学生理解、阅读的篇章，配以译文、注释、创作背景、作者介绍，学生们就能够理解古文的含义。这些名篇中还体现了非常多的写作技巧，我们会逐一仔细分析、解读，让学生体会古人高超的写作技法，以便学以致用。任何人写文章都是先模仿，后超越。模仿古代名家的名句，从中汲取写作营养，就能使写作能力突飞猛进。

传统经典浩如烟海，古文阅读也有难度，学生掌握起来并非易事。为了方便家长在辅导孩子写作文时快速找到相应的古文表述，我们从《史记》《文选》《古文观止》和唐诗、宋词、四大名著等经典中摘录出适合学生应用的词句，按照景物、人物、感悟三个门类汇编成册。学生熟读成诵之后，在写作文时遇到相应的情形就可以直接引用。相信整套图书学习完毕，学生们不但初步掌握了写作技巧，还能引经据典，写出金句频出的作文，拿到高分也是水到渠成之事。

当然，我们编写这套书的目的，绝不仅仅是为了教学生写高分作文，更重要的是希望激发学生们的写作兴趣。如果家长和老师只是要求学生写一篇高分作文，而不是启发他们对写作的热爱，激发他们的写作潜能，那么，这就是一种功利主义的心态，是极不可取的，也势必收不到好的效果。学生若不在内心升起对写作的敬畏和热爱，那么，写作大概率就会成为其疲于应付的一门功课。

需要说明的是，学习写作的核心目的，不仅是为了作文得高分，更是为了遇见更好的自己。

我们每个人都是世间的过客，但同时，我们每个人也都是这个世界上独一无二的存在。午后阳光下的莫名叹息，暗夜中只有星辰默默陪伴的哭泣，聚会时的开怀大笑，郊游时看到春花绽放的由衷欢喜，仰望星空时心头奔涌的万千豪情……所有的这一切，都值得获得文字上的回应、抚慰与超越。我们的生命会因为这种回应、抚慰和超越而变得干净、澄澈，掷地有声。

写作，通过文字实现表达，但文字绝不是写作的全部。

写作的本质，是生命潜能的创造性开发，是心灵律动的自由放飞与诚意抵达。

写作与我们的生命体验与心灵成长密切相关，它是一种可以提升人生境界的修行。修行的途径就是：从文字出发，以心灵抵达。

郑连根　张双

外表：浓淡相宜百魅生

心理：一片冰心诉衷肠

情感：此情落笔诚可忆

外表

浓 淡 相 宜 百 魅 生

相貌

名句 **巧笑倩兮，美目盼兮。**

出处 先秦《诗经·卫风·硕人》。原文："手如柔荑，肤如凝脂。领如蝤蛴，齿如瓠犀。螓首蛾眉，巧笑倩兮，美目盼兮。"

释义 手指像白茅的春芽一样柔嫩，皮肤如凝结的脂肪一般光润，脖颈好似蝤蛴颀长优美，牙齿宛如瓠子洁白整齐。额头丰满开阔，双眉弯曲细长，她含笑的样子令人愉悦，眼波流转，动人心魄。

硕人：高大的人，美人。当时以身材高大为美。这里指卫庄公的夫人庄姜。

荑（tí）：白茅之芽。

凝脂：凝结的脂肪，冻结的脂油，形容肤色光润。

领：颈。

蝤蛴（qiú qí）：天牛的幼虫，色白身长。

瓠犀（hù xī）：瓠瓜子儿，色白，排列整齐。

螓（qín）：似蝉而小，头宽广方正。螓首，形容前额丰满开阔。

蛾眉：蚕蛾触角，细长而曲。这里形容眉毛细长弯曲。

倩：含笑的样子。

盼：眼珠转动。另一种说法指眼珠黑白分明。

背景 《卫风·硕人》是中国古代第一部诗歌总集《诗经》中的一首诗，描写了齐女庄姜嫁给卫庄公的盛况。

庄姜是春秋时期齐国的公主，姜是齐国国君的姓，因为她嫁给了卫国国君卫庄公，人称庄姜。庄姜出嫁时非常风光，卫国民众便咏诵《硕人》一诗，赞美她高贵、美丽的形象。这首诗对庄姜进行了立体的、全方位的描写，是中国古代文学史上最早刻画女性容貌美、情态美的诗歌，开了后世以博喻手法描写美人的先河。其中，“巧笑倩兮，美目盼兮”定格了中国古典美人的曼妙姿容。更可贵的是，庄姜并不是徒有虚表的“花瓶”，而是一位才华出众的诗人，宋代的朱熹甚至认为她是中国历史上第一位女诗人。

写作应用

博喻，就是用几个喻体从不同的角度反复设喻去说明一个本体。运用博喻能将事物的不同特点表现出来，这是其他类型的比喻无法实现的。在《硕人》一诗中，作者从不同方面描写了庄姜的外貌——柔软的手、洁白的肤色、修美的脖颈、匀整的牙齿，乃至丰满的额头和弯曲的双眉，几个生动形象的比喻犹如电影的特写镜头，将庄姜的艳丽表现得淋漓尽致，给读者留下深刻的印象。

利用博喻写人，可以使人物形神毕现。如杜甫在《观公孙大娘弟子舞剑器行》中，回忆公孙大娘跳剑舞的英姿："㸌（huò）如羿射九日落，矫如群帝骖（cān）龙翔。来如雷霆收震怒，罢如江海凝清光。"剑光夺目，犹如后羿射落九日；舞姿敏捷，恰似天神驾龙飞翔。起舞时气氛紧张，仿佛雷霆万钧；收舞时静止不动，好像江海凝聚的波光。四个比喻从不同方面描绘其舞态，生动逼真，撼人心弦。在《老残游记》中，作者刘鹗在说书人白妞出场时，细致刻画了她顾盼生辉的双眸："那双眼睛，如秋水，如寒星，如宝珠，如白水银里头养着两丸黑水银，左右一顾一看，连那远远坐在墙角子里的人，都觉得王小玉看见我了。""秋水""寒星""宝珠”“水银”，几个喻体展现了白妞的万千情态。

此外，这段文字布局精巧，揭示了刻画人物外貌要遵循的描写顺序。一般来说，描写外貌要先写整体再写局部。比如，描写一个男生，先写他高大、健壮，然后再写他具体的相貌、神态；描写一个女生，先写她娇小、可爱，再写她的五官、发型等细节。局部描写要按照从上到下的顺序，或者像作者这样由下而上，从手指写到眉毛。在描写过程中，要突出每部分的特点，将这些外貌特征组合在一起，给人一个整体印象。

当然，选文这段描写中，最有名的就是“巧笑倩兮，美目盼兮”这八个字。在这之前，作者运用一系列比喻，刻画了美人之“形”，而这八个字却传达出美人之“神”。一系列的比喻是静态描写，后面这八个字则是动态表述。在写作中，“神”高于“形”，“动”优于“静”。一味静止地写“形”可能流于刻板，动态地写“神”能使人物鲜活起来。比如，我们描写自习室内认真读书的同学，可以写他端正的坐姿、伏案的身形、专注的神情，让读者在心中描绘出一幅主人公静心读书的画面。之后，再写“他时而会心一笑，用手指慢慢划过一行行铅字，仿佛要把书中精彩的话语刻进大脑里”

这样的场景描写，能让读者进一步联想到主人公读书时露出心领神会的神情。

名句 **丹唇外朗，皓齿内鲜。明眸善睐，靥辅承权。**

出处 曹魏曹植《洛神赋》。原文：“芳泽无加，铅华弗御。云髻峨峨，修眉联娟。丹唇外朗，皓齿内鲜。明眸善睐，靥辅承权。”

释义 洛神不抹芳香的油脂，也不涂粉。发髻高耸入云，眉弯曲细长。她红唇鲜润，牙齿洁白，双目明亮，顾盼生辉，面颊上还镶嵌着两个甜甜的酒窝。

泽：润肤的油脂。

铅华：粉。古代烧铅成粉，故称铅华。

弗（fú）：本义是矫正，后用作否定副词，相当于“不”。

云髻（jì）：发髻如云。

峨峨：高耸的样子。

联娟：微曲的样子。

“丹唇”二句：红唇鲜润，牙齿洁白。朗，明润。鲜，光洁。

眸：本义为眼中的瞳仁，泛指眼睛。

睐（lài）：顾盼，向旁边看。

靥（yè）：酒窝。

辅：面颊。

承权：在颧骨之下。权，颧骨。

背景 洛神，洛水的女神洛滨，是中国神话传说中伏羲（宓羲）氏的女儿。她因为溺死于洛水而成为洛水之神，故称洛神。这篇赋是曹植在魏文帝黄初三年（222年）去京师洛阳朝见皇帝后，回封地鄄城途中经过洛水而作。此赋叙述了作者在洛水边与洛神相遇的故事。作者以浪漫主义的手法，通过梦幻的场景，描写了人神之间的真挚爱情。不过，因为“人神殊途”，他们最终惆怅分离。

曹植，字子建，魏武帝曹操之子，魏文帝曹丕之弟，建安文学的代表人物与集大成者。《洛神赋》为曹植所作辞赋中的杰出作品，作者在此赋中抒发了苦闷、抑郁的心情，这种情绪与曹植的政治遭遇有关。因争夺世子之位，曹丕与曹植结怨。曹丕称帝之后，对曹植各种为难，先是杀了曹植的两位密友，后又借故贬谪了曹植。这些政治上的沉重打击，曹植无法明确言说，只好在赋中通过描写“人神之恋”的失败而曲折地加以传达。

写作应用

作者写洛神的相貌，采用了相互对应的描写方法，在顺序安排上别具匠心，高高的发髻对应弯弯的眉毛，红红的嘴唇对应洁白的牙齿，闪亮的眼睛对应甜甜的酒窝。大家读完后，是不是也为洛神的美貌倾倒呢？前面提到相貌描写要有一定的顺序，如从整体到局部、从上到下等，这是常用的写作方法。要把人物的美表现出来，一定要把美写得深入人心，这种相互对应的描写方法能给读者留下深刻的印象。

描写外貌还需讲究重点突出。一个美人，可描写的地方很多，我们要把她给人印象最深的部分重点描绘出来。化妆的时候，眉毛、眼睛、嘴唇都是重中之重，如果把这几个部分写得独特、优美，那么我们笔下的美人也就生动、鲜活起来。

另外，我们引用古文时也要学会取舍，《洛神赋》的原文中有一些生僻的字词，还有一些现代人不再使用的装束，所以不一定要全部引用。例如“云髻峨峨”，形容的是古代的发饰，就可以不用；“靥辅承权”的说法有点儿生僻，也可以适当舍弃。我们可以这样引用——

妈妈是个大忙人，整日操心家务，没有时间打扮自己。在我的印象中，她身上永远穿着一件围裙，头发也不打理。有一次整理旧物，我翻出了妈妈以前的照片，才知道她曾那样美丽。年轻时的她长发披肩、修眉联娟、丹唇外朗、皓齿内鲜，像极了画中的仙子。尤其是一双明眸，散发着青春的光彩。

名句 **鬓若刀裁，眉如墨画，**
面如桃瓣，目若秋波。

出处 清代曹雪芹《红楼梦》第三回。原文：“面若中秋之月，色如春晓之花，鬓若刀裁，眉如墨画，面如桃瓣，目若秋波。虽怒时而若笑，即瞋视而有情。”

释义 他的面庞像秋天的月亮一样圆润、洁白，气质又像春花一样绚丽夺目。两边的鬓角犹如被刀裁剪过一样棱角分明，眉毛宛若墨水画成，乌黑而浓重。他有桃花一样精致好看的脸蛋，又有秋水一样明澈多情的双眸。即使发怒时面容上也好像在微笑，就是生气了，看起来还是一副含情脉脉的样子。

背景 《红楼梦》原名《石头记》，是中国古代章回体长篇小说，被誉为中国古典四大名著之首。其通行本共120回，一般认为前80回是清代曹雪芹所著，后40回作者为无名氏，由高鹗、程伟元整理而得。小说以贾、史、王、薛四大家族的兴衰为背景，以贾宝玉、林黛玉、薛宝钗之间的婚恋悲剧为主线，刻画了闺阁佳人的人生百态。

原文出自《红楼梦》第三回“贾雨村夤(yín)缘复旧职，林黛玉抛父进京都”，讲的是林黛玉的母亲贾敏病逝后，其父林如海委托黛玉的启蒙老师贾雨村陪同她去金陵投靠贾府。林黛玉到了贾府，见到了府里很多重要人物，原文透过她的视角，给读者呈现了一个华丽的大家族。

写作应用

原文写的是贾宝玉和林黛玉初见时，黛玉眼中宝玉的长相。宝玉是“男生女相”的代表，书中说他有脂粉气，实则特别漂亮。宝玉既有男孩子的帅气，“鬓若刀裁，眉如墨画”，又有女孩子的娇美，“面如桃瓣，目若秋波”。

如果读过《红楼梦》，就会知道曹雪芹是写人物的绝顶高手，每个人物的相貌都写得特别传神。宝玉是富贵公子，长得漂亮，人又多情，所以作者将他写得宛如瓷娃娃一样可爱可亲。生活中，我们很难遇到这么漂亮的男子，所以在引用这段话时，可以把适合形容男性和女性的分开。否则，把这些形容词用在一个人身上，会出现违和感。

既然讲到《红楼梦》，我们不妨拓展知识面，把书中的相貌描写都找出来欣赏、学习一下。前面讲了黛玉眼中的宝玉，那宝玉眼中的黛玉是什么样呢？宝玉初见黛玉，亦为之惊艳，只见黛玉："两弯似蹙（cù）非蹙罥（juàn）烟眉，一双似喜非喜含情目。态生两靥之愁，娇袭一身之病。泪光点点，娇喘微微。闲静时如姣花照水，行动处似弱柳扶风。心较比干多一窍，病如西子胜三分。"将黛玉敏感、细心、聪明，又柔弱多病、多愁善感的特点表现得淋漓尽致。

王熙凤是《红楼梦》里的重要人物，作者是这样描写的："一双丹凤三角眼，两弯柳叶吊梢眉，身量苗条，体格风骚，粉面含春威不露，丹唇未启笑先闻。"王熙凤号称"凤辣子"，精明强干、心狠手辣、八面玲珑、做事决绝，所以给人的印象是"威不露""笑先闻"，既霸气又颇有心机。

相貌描写对刻画人物至关重要，尤其是一个人物的首次亮相。比如，在表演评书时，主要人物第一次出现，说书人会对其面貌肤色、穿着打扮、身材体形以及所携器物等进行重点介绍，引发听众的想象，带领听众在心中勾勒出人物的鲜明形象。这种表现手法叫作“开脸”。

《水浒传》中，武松一登场，就是一位勇猛无敌的壮士——

身躯凛凛，相貌堂堂。一双眼光射寒星，两弯眉浑如刷漆。胸脯横阔，有万夫难敌之威风；语话轩昂，吐千丈凌云之志气。心雄胆大，似撼天狮子下云端；骨健筋强，如摇地貔貅临座上。如同天上降魔主，真是人间太岁神。

对林冲的描写则是——

头戴一顶青纱抓角儿头巾，脑后两个白玉圈连珠鬓环。身穿一领单绿罗团花战袍，腰系一条双搭尾龟背银带。穿一对磕瓜头朝样皂靴，手中执一把折叠纸西川扇子。那官人生的豹头环眼，燕颔虎须，八尺长短身材，三十四五年纪。

开脸时，说书人通过传神的语言勾勒出人物的相貌特征，让听众未见其人已领其神。我们在写作时要借鉴这种表现方法，让笔下的人物在文章中有一个精彩的亮相。

身　材

名句　**态浓意远淑且真，肌理细腻骨肉匀。**

出处　唐代杜甫《丽人行》。原文："三月三日天气新，长安水边多丽人。态浓意远淑且真，肌理细腻骨肉匀。绣罗衣裳照暮春，蹙金孔雀银麒麟。头上何所有？翠微㔩叶垂鬓唇。背后何所见？珠压腰衱稳称身。"

释义　三月三日，春光明媚，天气清新，长安曲江岸边来了好多踏青的美人。她们姿态浓艳、神情高远、淑美自然，皮肤细嫩光滑，身材匀称适中。她们穿着镶绣孔雀和麒麟的华丽衣裳，华服与暮春的美景相映生辉。她们头上戴的是什么首饰呢？只见翡翠做的花饰垂在鬓边。背后缀的是什么呢？裙带上镶嵌了珠宝，压得衣裙稳当又合身。

三月三日：上巳日，唐代长安女子多于此日到城南曲江岸边游玩踏青。

态浓：姿态浓艳。

意远：神气高远。

淑且真：淑美而不做作。

肌理细腻：皮肤细嫩光滑。

骨肉匀：身材匀称适中。

“绣罗”两句：用金银线镶绣着孔雀和麒麟的华丽衣裳与暮春的美丽景色相映生辉。蹙（cù）金，一种刺绣方法。

翠微：薄薄的翡翠片。微，一本作“为”。

㔩（è）叶：一种首饰。

鬓唇：鬓边。

珠压：指珠按其上，不让风吹起，所以下面接着写“稳称身”。

腰衱（jié）：裙带。

背景 《丽人行》是杜甫的作品，约作于天宝十二载（753年）。唐玄宗宠幸杨贵妃，任命她的哥哥杨国忠为宰相，并把朝政大事交由他全权处理。杨家兄妹过着花天酒地、穷奢极欲的生活。据《旧唐书·杨贵妃传》记载，杨贵妃的大姐封韩国夫人，三姐封虢（guó）国夫人，八姐封秦国夫人。每逢出门游玩，她们各家自成一队，侍女们穿着颜色统一的衣服，远远看去就像云锦粲霞；车马仆从多得足以堵塞道路，场面甚为壮观。杜甫对杨家兄妹极为不满，作《丽人行》来讽刺他们的荒淫无道。此诗通篇只写“丽人”们的生活情形，却如前人所说的，达到了“无一刺讥语，描摹处语语刺讥；无一慨叹声，点逗处声声慨叹”的艺术效果。

写作应用

作者以实写手法刻画丽人，笔触细腻，惟妙惟肖，从她们体态端庄、姿色优雅、服饰华美的外表，即突显其生活奢华。对她们，作者没有直接批判，却实现了不言自明的效果。实写就是直接描述事实，正面表现人物，这种手法可以让文字具有现实感和逼真感。如苏轼的《浣溪沙·端午》描绘了女子欢度端午佳节的情景：“彩线轻缠红玉臂，小符斜挂绿云鬟（huán）。”女子们手臂上缠着五彩花线，发髻上斜挂着小小的符篆。通过描写这两项端午节习俗活动，表现女子们的愉悦之情。

实写是塑造人物的基础。写人物，最重要的是突出其性格特征，实写可以让读者对其产生整体印象或价值评判，为进一步塑造人物性格做好铺垫。斯佳丽是长篇小说《飘》中的主人公，作者玛格丽特·米切尔通过对其外貌的精雕细刻，展现了她坚强、勇敢、富有魅力的个性——

在她显著的容貌特征中，既有母亲那种沿海地区法国贵族后裔的风雅，又有肤色红润的父亲那种爱尔兰人的粗犷。无论如何，这张面孔都是十分动人的：尖尖的下巴，方方的腮帮子，两只淡绿色的眼珠连一丝茶褐色都不掺杂，眼眶周围的睫毛乌黑浓密，两个眼角稍稍翘起。眼睛上面是两道浓密的吊梢剑眉，醒目地刻画在木兰花般的洁白皮肤上。

我们在写作文时要学习实写手法，将人物的身材、穿戴、举止等外在形象细腻地描摹出来，让这些细节支撑起笔下人物的内在特征。比如，描写一位爱运动的同学，可以这样写：因为经常参加户外运动，所以皮肤黝黑、身体健壮；因为打篮球时不断投篮、奔跑，所以身形矫健、英勇威武。如此一来，一个热爱运动、性格开朗、活泼的男生跃然纸上。

具体到“态浓意远淑且真，肌理细腻骨肉匀”这两句诗，特别适合用来形容身材匀称、淑美自然、肤白貌美的女子。虽然杜甫的目的是批判这些丽人的奢华生活，但是我们可以只按字面意思去引用，来描写那些体态、仪态俱佳的女子，突出她们雍容、典雅的气质。

名句 **燕燕轻盈，莺莺娇软，分明又向华胥见。**

出处 南宋姜夔《踏莎行·自沔东来丁未元日至金陵江上感梦而作》。原文："燕燕轻盈，莺莺娇软，分明又向华胥见。夜长争得薄情知？春初早被相思染。"

释义 她身材轻盈、娇声细语的样子，我在梦中又清晰地见到了。我好像听到她说：长夜漫漫，你这个薄情郎怎么会知道呢？其实，春天才刚开头，却早已被我的相思情怀染遍了。

踏莎行：词牌名。

沔（miǎn）东：唐、宋州名，今湖北汉阳（属武汉市），姜夔（kuí）早年流寓此地。

丁未元日：宋孝宗淳熙十四年（1187 年）元旦。

燕燕、莺莺：借指伊人。苏轼《张子野八十五岁闻买妾述古令作诗》："诗人老去莺莺在，公子归来燕燕忙。"

华胥（xū）：人名，传说是伏羲氏的母亲。《列子·黄帝》：“（黄帝）昼寝而梦，游于华胥氏之国。”后指理想的安乐和平之境，或梦境。

背景 姜夔，字尧章，号白石道人，南宋文学家、音乐家。姜夔对诗词、散文、书法、音乐无不精通，是继苏轼之后又一难得的艺术全才。

作者 20 多岁时在合肥结识了一位女郎，后来二人分手，但作者对她一直念念不忘。淳熙十四年（1187 年）元旦，作者从汉阳东去湖州途中抵金陵时，梦见久别的恋人，写下此词。

写作应用

夜有所梦，乃是日有所思的缘故，词人写恋人，凭借的是记忆与梦中的朦胧印象，所以与上篇《丽人行》的实写手法不同，此处对恋人的描写以虚写为主。虚写是通过感受、想象、对比、映衬等手法间接渲染，使文章具有含蓄之美。就如词人化用苏轼的词句，以“燕燕轻盈，莺莺娇软”来形容恋人，不但能激发读者对女子曼妙身姿的想象，而且流露出缠绵的情意。之后，“分明又向华胥见”一笔点睛，让人产生无限的遐想。描写身材苗条的女性时，我们可以直接引用该句。

很多时候，我们描写的人物并非近在咫尺，不能仔细观察之后再落笔。此时需要发挥想象力，把我们脑海中的影像重新塑造出来。重塑时，虚写的方法比较容易达到效果。

宋代晏几道与相熟的女子久别重逢，回忆起当年欢聚时的情形："彩袖殷勤捧玉钟，当年拚却醉颜红。舞低杨柳楼心月，歌尽桃花扇底风。"当年，你挥舞彩袖捧杯劝酒，我甘愿醉倒满脸通红。你翩翩起舞，直跳到楼台上月亮低沉；你婉转歌唱，直唱到扇子无力摇动。此情此景似实却虚，宛如昙花一现，转瞬即逝。

巴金怀念过世的妻子，于是饱含深情地写下了《再忆萧珊》——

昨夜梦见萧珊，她拉住我的手，说："你怎么成了这个样子？"我安慰她："我不要紧。"她哭起来。我心里难过，就醒了。……

我醒着，我在追寻萧珊的哭声。耳朵倒叫得更响了。……我终于轻轻地唤出了萧珊的名字："蕴珍。"我闭上眼睛，房间马上变换了。

在我们家中，楼下寝室里，她睡在我旁边另一张床上，小声嘱咐我："你有什么委屈，不要瞒我，千万不能吞在肚里啊！"……

在中山医院的病房里，我站在床前，她含泪望着我说："我不愿离开你。没有我，谁来照顾你啊？！"……

名句 **肃肃如松下风，高而徐引。**

出处 南朝刘义庆《世说新语》。原文："嵇康身长七尺八寸，风姿特秀。见者叹曰：'萧萧肃肃，爽朗清举。'或云：'肃肃如松下风，高而徐引。'"

释义 嵇康身高七尺八寸，风度翩翩，仪态出众。人们见到他都赞叹："他的举止端正潇洒，气质豪爽清逸。"还有人说："他犹如松树间沙沙作响的风声，神情高远而悠长。"

嵇康：三国时期著名文学家、思想家、音乐家，世称"嵇中散"，竹林七贤之一。

七尺八寸：古代的尺寸与今不同，三国时一尺合今 24 厘米左右，七尺八寸也就是一米八多。

背景　《世说新语》是中国古代志人笔记的代表作，作者是南朝宋文学家刘义庆。该书记述了自东汉末年到刘宋初年名士贵族的逸闻趣事，反映了当时的社会风貌，尤其是士族阶层的生活状况、文化习俗乃至精神世界。书中许多脍炙人口的故事和成语典故沿用至今，对后代笔记文学影响很大，其中不少故事成为后世小说、戏剧的创作素材。

刘义庆，字季伯，宋武帝刘裕之侄，长沙景王刘道怜次子。他自幼才华出众，聪明过人，深得宋武帝、宋文帝的信任，13 岁就被封为南郡公。为人恬淡寡欲，爱好文史。

写作应用

一个气质出众的高大男子给人怎样的感觉呢？像松间的风声，高远而悠长。有一首流行歌曲叫《风一样的男子》，读完作者对嵇康的描述，大家是不是觉得跟这个歌名非常贴切？我们描写人物的身材，一般会用高矮胖瘦这些直观的词语，但是这样表述出来像白开水一样，索然无味。作者如果直接用松树形容嵇康的高大，虽然好过平铺直叙，但是这个比喻十分普通，不如松间的风声有意境。如果哪位帅小伙让你有风一样的感觉，不妨就引用这句话吧。

范仲淹在《严先生祠堂记》中表达了对严光的赞美：“云山苍苍，江水泱泱，先生之风，山高水长！”意思是云雾缭绕的高山，郁郁苍苍，长江的水浩浩荡荡，先生的品德啊，比高山还高，比长江还长。这句话最初的版本是“先生之德，山高水长”，李泰伯读了几遍后，建议把“先生之德”改为“先生之风”。范仲淹点头赞许。用“德”表示人的操守与人格，只能局限于笔下的人物，无法延伸、拓展。而“风”是可感知的，还能引发关于“风貌”“风神”的联想，使严光的高贵品格生发出感化作用。

用松间的风声形容嵇康的风姿，不但突出了他身材高大、气质挺拔的外在形象，还借松树坚韧的特性赞美了他高洁的品格。这种手法与范仲淹写严光有异曲同工之妙。

用美好的意象形容人物，是古人常用的比拟方法。比如“蕙心兰质”这个成语，形容女子心地纯洁、品行高雅，出自王勃的《七夕赋》，“荆艳齐升，燕佳并出。金声玉韵，蕙心兰质”，意思是：歌舞表演开始，美女们一齐亮相。歌声动听，舞姿优美，她们都有蕙草一般纯洁的心灵，兰花一样高雅的品质。

我们在写作时要向刘义庆、范仲淹和王勃等古人学习，把人物的特征与美好的意象链接起来，将笔下的人物描写得气质出众、栩栩如生，从而给读者留下深刻的印象。

年 龄

名句 **娉娉袅袅十三余，豆蔻梢头二月初。**

出处 唐代杜牧《赠别二首》（其一）。原文：“娉娉袅袅十三余，豆蔻梢头二月初。春风十里扬州路，卷上珠帘总不如。”

释义 十三岁的少女体态轻盈、举止优美，宛若二月初枝头上的一朵豆蔻。扬州城中，春风吹过十里长街，卷起楼阁上的珠帘，那帘后的佳丽都不如这位少女美丽动人。

娉（pīng）娉袅（niǎo）袅：形容女子体态轻盈美好。

十三余：言其年龄。

豆蔻：据《本草纲目》记载，豆蔻花生于叶间，南方人取其未大开者，谓之含胎花。常以此比喻少女。

“春风”二句：繁华的扬州城中，十里长街上有多少歌楼舞榭，珠帘翠幕中有多少佳人姝丽，但都不如这位少女美丽动人。

背景 杜牧，字牧之，号樊川居士，唐代杰出的诗人、散文家。杜牧20岁时博通经史，23岁写出了散文名篇《阿房宫赋》，26岁就中了进士。他的诗明丽隽永，绝句尤受人称赞，世称小杜。杜牧与李商隐齐名，合称“小李杜”，以别于李白与杜甫。

《赠别二首》作于大和九年（835年），作者由淮南节度使掌书记升任监察御史，离开扬州奔赴长安时，作诗赠别在扬州结识的歌妓。

写作应用

用豆蔻比拟少女，生动形象，令人赏心悦目。经过演变，这个比喻转化为一个脍炙人口的成语——豆蔻年华，专门用来形容青春少女。我们写少女时，可以直接引用这两句诗。尤其是“豆蔻梢头二月初”一句，形容少女含苞待放的美丽最为贴切。

描写人物的年龄，我们可以借鉴古人对年龄的称谓，因为直接用数字显得枯燥、干瘪，没有文采。古人表示年龄，通常不直接说某人或自己多少岁，而是用与年龄相关的称谓来代替。

关于女子年龄的称谓，一般都用非常美好的事物代指：

金钗之年：女子 12 岁。此时女子开始挽上发髻，插上金钗，代表告别童年。

豆蔻之年：女子 13 到 14 岁。

及笄（jī）之年：女子 15 岁。古代女子满 15 岁后，须结发，行笄礼，也就是把头发盘起来，并用簪子绾住。

碧玉之年：女子 16 岁。这个年纪的女子像玉一样温润透亮，干净清澈。

桃李之年：女子 20 岁。此时女子像桃李盛开时一样明艳动人。

花信之年：女子 24 岁。

记住上面的称谓，写作文时尽量用这些文雅的词语介绍女性的年龄。这样表述不但增加文采，还能让读者觉得她们美丽动人。比如，你向别人介绍自己的表妹时说："她是一个十几岁的初中生，个子长得很高，快赶上成年人了。"这样描写就很平淡。如果换成："表妹正值豆蔻年华，虽然是初中生，却已经出落得亭亭玉立、婀娜多姿。"大家看看，是不是生动了很多？

名句 清秋上国路，白皙少年人。

出处 唐代权德舆《送崔端公郎君入京觐省》。原文："已见风姿美，仍闻艺业勤。清秋上国路，白皙少年人。带月轻帆疾，迎霜彩服新。过庭若有问，一为说漳滨。"

释义 已经目睹了他优美的风姿，又听说他学业还很勤奋。清秋时节，进京的路上，一位风度翩翩的少年日夜兼程，赶去省亲。披星戴月，乘着轻便的小舟疾速前行，迎着初霜，穿着崭新的彩衣。若是家里有长辈问询我，就说我回京省亲，探望生病的亲人。

觐省（jìn xǐng）：指探望双亲。

白皙：唐代时常用来夸赞美少年。

背景 权德舆，字载之，唐代文学家、宰相。自幼聪明好学，"三岁知变四声，四岁能为诗"，15 岁时已创作文章数百篇，开始有了名气。权德舆仕宦显达，在贞元、元和年间名重一时，刘禹锡、柳宗元等皆投文门下，求其品题。

写作应用

古代，男子 20 岁时举行冠礼，象征其成年，在这之前统称少年。古代对少年的称谓也很有特色。

舞勺之年：男子 13 至 15 岁。舞勺指的是男孩子学习的一种文舞，是古代宫廷雅乐舞蹈之一，主要用于歌功颂德的场合。

束发：男子 15 岁。到了 15 岁，男子要把原先的发结解散，扎成一束。

舞象之年：男子 15 至 20 岁。舞象原本是古武舞名，语出《礼记·内则》："成童舞象，学射御。"也就是说，到了这个年纪可以上战场打仗了。

弱冠：男子 20 岁。古代男子 20 岁行冠礼，表示已经成人，又因为还没达到壮年，故称"弱冠"。

大家记住这些称谓了吗？描写一个年轻男子时，我们可以用这些美好的称谓表示他们的年龄。

此外，诗人的创作思路也值得一说。诗人先描写了主人公风姿优美、学业刻苦，然后才点明他的年纪。如此安排，让我们对这位少年郎产生了一种年少有为的感觉。这种手法叫先声夺人，同学们在写作文时，不妨借鉴这种手法，即先把一个人的优点和特征描述出来，让读者有一个大概的印象。之后人物再登场，就会给人眼前一亮的感觉。就像诗中“清秋上国路，白皙少年人”，大家读完后仿佛看到一位赶路的美少年迎面走来。

比如，我们介绍一位男同学时，不要上来就正面描写他的年纪、相貌、身材等特征，而可以写你去过他家，参观他的卧室时，看到桌子上摆放整齐的图书，旁边还有摘抄用的笔记本。墙边立着一把吉他，墙上还挂着一张他去海边旅游时拍的照片。照片中，他凭眺大海，阳光照耀着他朝气蓬勃的身姿。这样的开场白，除了引起读者的好奇心，还会让读者对其产生初步印象，觉得他是一位博学多才、乐观开朗的少年。之后，你再写他叫什么名字，多大年纪，和你如何相识，等等，这样步步推进，一位多才多艺的少年形象就在读者心中变得丰满而立体了。

名句 **壮年丰采动人群，坐爱清风满旧闻。**

出处 明代李东阳《送李士仪归宣府兼柬郑克脩（xiū）》。原文：“壮年丰采动人群，坐爱清风满旧闻。却是诗书还有种，缪家兄弟不如君。”

释义 壮盛之年，您的风度在人群中非常瞩目。坐在微风中遍览古籍，这样的生活让您心生欢喜。您饱读诗书立志做学问，这方面缪家兄弟赶不上您啊。

壮年：壮盛之年，多指三四十岁。

丰采：风度，神采。

旧闻：指往昔的典籍和传闻。

却是：还是。

有种：有志气，有骨气。

缪（miào）：姓氏。

背景 李东阳，字宾之，号西涯，明代内阁首辅、文学家、书法家。李东阳天资聪颖，读书一目十行，成诵不忘。他主持文坛数十年，诗文典雅工丽，在文学与政治上均有很大建树。

写作应用

人生最是壮年时——精力旺盛，年富力强，体能和心智都达到了巅峰。壮年是干事创业、治学研究的最佳时期，能否干出一番事业关键看这个时段。壮年也是一个人最有魅力的阶段，精神面貌、风采气质都超过以往。

如果这个人再能静下心来读书做学问，那就是人中翘楚了。“壮年丰采动人群，坐爱清风满旧闻”，描写的正是这样一位魅力超群的成年人。我们在写人物的时候，为了表现一个成年人的学识、气度，可以引用这两句诗。比如——

我的历史老师像满腹经纶的学者，对历朝历代的名人逸事烂熟于胸。在课堂上，他侃侃而谈，把枯燥的历史事件讲得生动有趣、引人入胜。“壮年丰采动人群，坐爱清风满旧闻”，在他的谆谆教诲下，同学们对历史产生了浓厚的兴趣。

古人对三四十岁的成年人有许多雅称或别称，我们不妨多学习一些，增加知识储备，在写作文时根据情形适当引用。

而立：指30岁。出自《论语·为政》：“三十而立。”所以人们便称三十岁为“而立之年”，意思是已经能够立足社会了。

不惑：指40岁。出自《论语·为政》：“四十而不惑。”据此，人们使用不惑之年代称年到四十。

其实，除了关于年纪的称谓，古人称呼人还有许多典雅的叫法。比如说一个男人是堂堂男子汉，就叫他须眉男子；形容一个人很有才华，就说他才高八斗；表示对方是自己非常要好的朋友，就称他为莫逆之交。这些说法大家要留心，积累得多了，在写作时就不会觉得言辞枯竭、无话可说了。

诗中“坐爱清风”意蕴深远，同学们在写作时可以灵活化用。比如外出研学，参观著名书院，你可以写：“静坐林中，听风吟诗，心随云动，山川秀美。墨香四溢，字字珠玑，坐爱清风，诗心自在。”这样，你的游记就十分精彩了。

名句　冬温光景如春妍，暮年强健胜壮年。

出处　南宋陆游《冬晴行园中》。原文：“冬温光景如春妍，暮年强健胜壮年。手推园门拂石坐，岂暇为客思无毡。残芜未死更郁郁，晚菊欲槁犹鲜鲜。闲愁正得酒弹压，此夕预知当熟眠。”

释义　冬季温暖的时候像春天一样美好，同理，人到晚年身体强健能胜过壮年时。我推门进园，掸去石上的灰尘坐下休息，作为过客哪有空闲铺上毡子。枯萎的草丛还未完全死去，依然显得郁郁葱葱；晚秋的菊花虽将凋零，却仍保持着鲜艳的色泽。此刻的闲愁正好用美酒来驱散，今晚我预知自己将会有个甜美的睡眠。

妍（yán）：美丽。

暮年：晚年。

拂（fú）：拭，掸去。

岂：助词，表示反诘。

暇（xiá）：没有事做的时候，空闲。

背景 陆游，字务观，号放翁，南宋文学家、史学家、爱国诗人。陆游生逢北宋灭亡之际，少年时就立下了爱国之志。他聪慧过人，12 岁即能为诗作文。

陆游一生笔耕不辍，诗、词、文都取得了很高的成就，尤以诗的成就为最，自言“六十年间万首诗”，存世有 9300 余首。陆游在南宋诗坛上占有非常重要的地位，他以高扬爱国主题的黄钟大吕振作诗风，对南宋后期诗歌的创作产生了积极影响。国破家亡的时代背景使陆游将爱国之心倾注于笔端。每当国家危难之际，人们就会想起陆游的爱国主义诗篇。

写作应用

作者志存高远，虽然年纪渐老，但感觉状态胜过壮年，于是将自己类比为冬天的暖阳之日。类比是基于不同事物的类似性，借喻体修饰描摹本体的修辞手法。作者用冬暖类比壮年，生动形象。所谓“烈士暮年，壮心不已”，应该就是这个样子。大家在描写人物时，用“冬温光景如春妍，暮年强健胜壮年”形容精神矍铄、奋斗不已的年长者特别合适。比如，写老师诲人不倦，或写父母兢兢业业、不辞辛劳，都可以用这两句诗增强表达效果。

年龄是描写人物时不可忽视的基本要素，必须交代清楚。但要注意的是，即使处于相同年龄阶段的人，其气质和个性也可能存在很大差异。同样是青少年，有的少不更事，有的则年少有为；同样是晚年，有人暮气沉沉，有人却风采不减当年，堪当大任。所以，写人物不能只写年龄大小，我们还要把不同人物的性格特征描写出来。

关于老年人，古代也有不少雅称。

艾：指 50 岁。老年人头发苍白如艾，故有此称谓。出自《礼记·曲礼上》：“五十曰艾。”

耆（qí）：指60岁，出自《礼记·曲礼上》：“六十曰耆。”现特指受尊重的老者。

花甲：指60岁，古代以天干地支相配纪年，60年为一花甲子。后称年满60岁为“花甲之年”。

古稀：指70岁，出自杜甫的《曲江二首》：“酒债寻常行处有，人生七十古来稀。”古人平均寿命较短，70岁就算比较稀罕的，故用“古稀之年”代称70岁。

耄（mào）：指八九十岁。出自《礼记·曲礼上》：“八十、九十曰耄。”

期颐：指百岁老人。

名句 白发催年老，青阳逼岁除。

出处 唐代孟浩然《岁暮归南山》。原文：“北阙休上书，南山归敝庐。不才明主弃，多病故人疏。白发催年老，青阳逼岁除。永怀愁不寐，松月夜窗虚。”

释义 不再给朝廷上奏章了，让我回到南山的破旧家园吧。我因无才遭君主弃用，又因年老多病，朋友也渐渐疏远。白发多生，催人日渐老去，春天已到，逼得旧岁离开。我满怀忧愁，辗转难眠，月照松间，窗外一片空寂。

岁暮：年终。

南山：唐代诗歌中常以南山代指隐居。这里指作者家乡的岘山。一说指终南山。

北阙：皇宫北面的门楼，汉代尚书奏事和群臣谒见都在此处，后用作朝廷的别称。

休上书：停止进奏章。

敝庐：称自己破落的家园。

青阳：指春天。

逼：逼迫。

永怀：悠悠的思怀。

愁不寐：因忧愁而睡不着觉。寐：一作“寝”。

虚：空寂。

背景 唐开元十六年（728年），40岁的孟浩然来长安应举，不幸落第。这次失利使他大为懊丧，他想直接向皇帝上书，又很犹豫。这首诗就是在这样复杂的心绪下写出来的，也是诗人的归隐之作。落第后的孟浩然满腹牢骚不好发作，只能以自怨自艾的形式抒发仕途失意的幽思。在诗中，他表面上说自己一无可取，实则发泄怀才不遇的怨悱之情。

写作应用

白发催人衰老，新春逼迫着旧岁离开，作者用“催”“逼”二字将白发、青阳拟人化，让人觉得诗人鬓发已白、功名未就完全是被现实所迫。拟人就是把事物当作人，写得和人一样有感情、有语言、有动作。运用拟人可以形象地表达情感，进而令人产生共鸣。正如大家读完这首诗后，对诗人的无可奈何感同身受。杜牧与孟浩然一样，也借诗句抒发壮志难酬的隐痛：“多少绿荷相倚恨，一时回首背西风。”绿色的荷叶怀着怨恨相互依偎，秋风吹过，荷叶都回转过头去背对西风。荷叶无情不应有恨，杜牧将其拟人化，使内心的情感与外界景观融为一体。

拟人还能生动地写出事物的某个特点，使其更加活泼，让人亲近。如王安石《书湖阴先生壁》诗云：“一水护田将绿绕，两山排闼（tà）送青来。”一条小河守护着绿油油的禾苗，两座山峰要推开门送来满山的青翠。诗人用拟人的手法写出了山水的活泼多情。杨万里描绘秋山之美，“小枫一夜偷天酒，却倩孤松掩醉容”，用“偷”字将枫树拟人化，读来十分风趣、浪漫。

徐迟在报告文学《哥德巴赫猜想》中，描写了数学家陈景润艰苦的生活环境——

这房间里还没有桌子。六平方米的小屋，竟然空如旷野。一捆捆的稿纸从屋角两只麻袋中探头探脑地露出脸来。只有四叶暖气片的暖气上放着一只饭盒。一堆药瓶，两只暖瓶。连一只矮凳子也没有。

作者将稿纸拟人化，突显了屋子的狭小、局促。

说回孟浩然的诗句，同样写年纪渐老，陆游是“暮年强健胜壮年”，孟浩然则陷入了不可排解的苦闷之中，难掩心中的焦虑与忧愤。同学们在写作文时，也要根据不同的情形合理地引用。

穿　戴

名句 **蛾儿雪柳黄金缕，笑语盈盈暗香去。**

出处 宋代辛弃疾《青玉案 · 元夕》。原文：“东风夜放花千树，更吹落，星如雨。宝马雕车香满路。凤箫声动，玉壶光转，一夜鱼龙舞。蛾儿雪柳黄金缕，笑语盈盈暗香去。众里寻他千百度，蓦然回首，那人却在，灯火阑珊处。”

释义 一簇簇礼花飞向天空，像星雨一样散落下来。达官显贵也携带家眷出门观灯。月光下，载歌载舞，万民同欢。美人头戴华丽的饰物，仪态娇美，笑语盈盈，身上散发着幽幽的香气。我在人群中千百次地寻找她，猛然回头，却发现她就在灯火零落之处。

青玉案：词牌名。

蛾儿、雪柳、黄金缕：皆为古代妇女元宵节时头上佩戴的装饰品。这里指盛装的妇女。

盈盈：声音轻盈悦耳，亦指仪态娇美的样子。

暗香：本指花香，此处指女性身上散发出来的香气。

他：泛指第三人称，古时包括“她”。

千百度：千百遍。

蓦然：突然，猛然。

阑珊：暗淡，零落。

背景 辛弃疾刚从北方投奔到南宋，就在都城临安写下了这首词。当时，强敌压境，国势日衰，而南宋朝廷却不思进取，偏安江左，沉溺于歌舞享乐。辛弃疾从元宵节的热闹场面入手，反衬出一个孤高淡泊、超尘拔俗的女性形象。这一形象寄托着他政治失意后，不愿与世俗同流合污的孤高品格。

写作应用

蛾儿、雪柳、黄金缕本是妇女的首饰，在词中代指戴首饰的美女。白居易《长恨歌》中“回眸一笑百媚生，六宫粉黛无颜色”，则是借用化妆品粉黛代指美女。他们用的都是借代的修辞手法。借代是指不直接把事物的名称说出来，而是用跟它有关的另一种事物来称呼。运用借代可以引人联想，达到以简代繁、以实代虚、以奇代凡的效果。使用时，一般是以小见大，用小事物来反映大的局面或情况，使描述更加形象具体。李白在《望天门山》中写道："两岸青山相对出，孤帆一片日边来。"用船的一部分——帆，代替了船。同样用法的还有范仲淹《岳阳楼记》中的"沙鸥翔集，锦鳞游泳"，"鳞"是鱼身体的一部分，这里代指鱼。

借代，还可以用工具代指本体。刘禹锡《陋室铭》："无丝竹之乱耳，无案牍之劳形。"用乐器丝竹代指音乐。文天祥《过零丁洋》："辛苦遭逢起一经，干戈寥落四周星。"用兵器干戈代指战争。借代也可以具体代抽象。孟浩然《过故人庄》："开轩面场圃，把酒话桑麻。"用具体的农作物桑麻代指耕作、务农。曹操《短歌行》："何以解忧，唯有杜康！"用一种名酒杜康代指喝酒。

辛弃疾这首词的最后几句为人熟知，即"众里寻他千百度，蓦然回首，那人却在，灯火阑珊处"，描写的是主人公在美女如云的街上寻觅一位立于灯火零落处的具有孤高品格的女子，构思精妙，余味无穷。这句话特别适合表达不落世俗、孤芳自赏的意境，如果在写作时遇到类似情景，大家别忘了引用。

“蛾儿雪柳黄金缕，笑语盈盈暗香去”，虽没有最后几句知名，却以借代手法将人物形象刻画得饱满立体。如果能在作文中引用这样相对陌生的词句，肯定会让阅卷老师眼前一亮，给出高分。比如——

大明湖畔，几个身着汉服的美女从花丛中走过，留下一片欢声笑语，惊艳了往来的游客。“蛾儿雪柳黄金缕，笑语盈盈暗香去”，在都市中看到这样的倩影，我仿佛梦回大宋。

名句 **吴刀剪彩缝舞衣，明妆丽服夺春晖。**

出处 唐代李白《白纻辞三首》（其三）。原文：“吴刀剪彩缝舞衣，明妆丽服夺春晖。扬眉转袖若雪飞，倾城独立世所稀。激楚结风醉忘归，高堂月落烛已微，玉钗挂缨君莫违。”

释义 彩色的舞衣是用吴刀剪裁的，穿在美人身上明艳得胜过春光。美人挑起双眉，衣袖转动得如白雪纷飞，这倾城倾国的姿色真是世间稀有。她高唱《激楚》《结风》助兴，酒醉了忘记归去。月落时分，高堂内的烛光越来越微弱，美人的玉钗缠住了客人的缨冠，使两人难舍难分。

白纻（zhù）辞：古乐府题名，一作“白苎辞”。

吴刀：吴地出产的剪刀。彩，一作“绮”，彩色的丝织品。

明妆丽服：在修辞上为互文，意为明丽的服装。妆，服装。夺，胜过。

倾城：形容女子极其美丽，此处指美女。

“激楚”句：“激楚”“结风”皆为歌曲名。

“玉钗”句：指歌者与听者亲近，不愿分离。缨，男子的冠带。

背景 《白纻辞三首》是李白的组诗作品，作于其漫游金陵（今江苏南京）时期。其中，第一首诗盛赞歌者相貌美、歌声美、舞姿美，即使在寒苦的塞外，也给听众带来无限欢乐。第二首诗写一位歌女舞姿优美，歌声动听。她想用歌声打动心爱之人，与其结成伉俪。第三首诗写一位美丽的歌妓，歌舞至夜深人静时，情绪激动，便与听者相拥在一起，难舍难分。

写作应用

作者形容歌妓的服装光彩照人，比春光还耀眼，运用的是典型的夸张修辞手法。夸张就是用夸大的词语来形容事物，以达到启发读者想象力的效果。衣服的艳丽把春天的阳光都比下去了，这种夸张让读者对衣服的华美产生了丰富的想象。李白在《蜀道难》里写“蜀道之难，难于上青天”，与此手法相同。我们也要合理运用夸张，比如，描写一位穿着贵重衣服的行人，我们可以夸张地说：“你看，这个人简直是穿着一栋房子出门。”

夸张还指文艺创作中突出描写对象某些特点的手法。作家孙犁说：“文学的特点之一是夸张，而夸张有时是漫天过海，无止无休的。”文学名著中有许多非常精彩的夸张描写，《三国演义》中“张飞大闹长坂桥”就是经典桥段——

张飞睁圆环眼，隐隐见后军青罗伞盖、旄钺旌旗来到，料得是曹操心疑，亲自来看。飞乃厉声大喝曰：“我乃燕人张翼德也！谁敢与我决一死战？”声如巨雷。曹军闻之，尽皆股栗。

曹操急令去其伞盖，回顾左右曰：“吾向曾闻云长言：翼德于百万军中，取上将之首，如探囊取物。今日相逢，不可轻敌。”言未已，张飞睁目又喝曰：“燕人张翼德在此！谁敢来决死战？”曹操见张飞如此气概，颇有退心。

飞望见曹操后军阵脚移动，乃挺矛又喝曰：“战又不战，退又不退，却是何故！”喊声未绝，曹操身边夏侯杰惊得肝胆碎裂，倒撞于马下。

操便回马而走。

于是诸军众将一齐望西奔走。

张飞大喝三声就吓跑了曹操的军队，正是：“一声好似轰雷震，独退曹家百万兵”。作者通过夸张的描写，将张飞气吞山河的气概表现得淋漓尽致。

需要补充说明的是，今人的生活环境与古代相比变化很大，很多古代服饰现代人已经不再穿戴，但是古人对美的感受与今人相同。所以，我们引用古文佳句时，不要拘泥于具体物件，而是用里面传神的描述表达心中对美的感受。比如，描写人物衣着华丽，我们可以直接引用“吴刀剪彩缝舞衣，明妆丽服夺春晖”，读者看了肯定不会纠结于衣服的款式，而会禁不住想象其“夺春晖”的光彩。

言　语

名句　**别来沧海事，语罢暮天钟。**

出处　唐代李益《喜见外弟又言别》。原文：“十年离乱后，长大一相逢。问姓惊初见，称名忆旧容。别来沧海事，语罢暮天钟。明日巴陵道，秋山又几重。”

释义　在动乱中离别十年，长大成人后我们竟意外相逢。初见时吃惊地询问对方的姓名，慢慢回想对方旧时的面容。说不完别离后的世事变化，听到寺院的钟声才发现畅谈到黄昏。明天你又要去巴陵古道了，隔着秋山不知又增添多少忧愁。

外弟：表弟。

言别：话别。

十年离乱：在社会动乱中离别了十年。

离乱：一作“乱离”。

一：副词，可作“竟然”或“忽而”理解。

“问姓”两句：“问姓”与“称名”互文见义。

别来：指分别十年以后。来，后。

沧海事：比喻世事的巨大变化，犹如沧海变桑田，桑田变沧海那样。

暮天钟：黄昏寺院的钟声。

巴陵：岳州（今湖南省岳阳市），指表弟将去的地方。

背景 李益，字君虞，唐代诗人，以边塞诗出名，擅长绝句，尤其是七言绝句。

唐代自唐玄宗天宝十四载（755年）爆发安史之乱，至唐代宗广德元年（763年）战乱结束，此后大大小小的战争时断时续。此诗就是在这种动乱的社会背景下创作的，描写了诗人同表弟不期而遇又匆匆话别的伤感场面，抒发了真挚的情谊和聚散无定的感慨，从侧面反映了社会动乱给人们带来的痛苦。

写作应用

作者与表弟分别后经历了许多，需要诉说的话实在太多了。两人从白天聊到日暮，忽略了天色的变化，当远处传来寺院的钟声，他们才意识到已是黄昏。“语罢暮天钟”是避实就虚的侧面写法，作者没有写与表弟之间的谈话内容，也没有写二人的表情和动作，而是择取了叙旧时间很长这个侧面，表明二人谈得入神，感觉不到时间的流逝。

侧面描写，又叫间接描写，是指通过对周围人物或环境的描绘来表现所要描写的对象，即间接地对描写对象进行刻画。一般来说，刻画人物多采用正面描写的手法，即直接描写人物的相貌、语言、动作、神态、心理等，以此表现人物的性格特征。不过，恰当地运用侧面描写，可以与正面描写互为补充，使文章更加生动、感人。

乐府诗《陌上桑》写罗敷的美貌，就用了侧面描写的方法：“行者见罗敷，下担捋髭须。少年见罗敷，脱帽著帩头。耕者忘其犁，锄者忘其锄。来归相怨怒，但坐观罗敷。”行人见到罗敷，就放下担子捋着胡须注视她。年轻人看见罗敷，禁不住脱帽重整头巾。耕地的人忘记了自己在犁地，锄田的人忘记了自己在锄田。以至于农活都没有干完，回来后相互埋怨，只是因为贪看了罗敷的美貌。

清代文学家林嗣环在散文《口技》中，描写了一场精彩的口技表演。由于深夜失火的情景演得过于逼真，以至于听众的反应异常激动：“无不变色离席，奋袖出臂，两股战战，几欲先走。”作者通过描写听众的神情，侧面反映了口技人的高超技艺。

名句 **蛇蛇硕言，出之口矣。巧言如簧，颜之厚矣。**

出处 先秦《诗经·小雅·巧言》。原文：“荏染柔木，君子树之。往来行言，心焉数之。蛇蛇硕言，出之口矣。巧言如簧，颜之厚矣。”

释义 柔软、娇嫩的树木，是君子自己栽培的。来来回回传播的谣言，君子心里也要明辨真伪。说大话夸夸其谈，讲出来毫不费力。言辞像鼓簧奏乐一样动听，这样的人都是厚颜无耻之徒。

小雅：《诗经》中“雅”的部分，分为大雅、小雅，合称“二雅”。雅，雅乐，即正调，指当时西周都城镐京地区流行的诗歌乐调。小雅部分今存74篇。

荏（rěn）染：柔弱的样子。

行言：流言，谣言。

蛇（yí）蛇硕言：夸夸其谈的大话。蛇蛇，指自满自足的样子。

巧言如簧：说话像奏乐一样好听。簧，笙类乐器的簧片。

背景 《小雅·巧言》收录于《诗经》，是一首政治讽喻诗，讥刺周王为谗言所惑，招致祸乱，痛斥了进谗者结党营私、厚颜无耻的丑行。这是一个受到谗言伤害而郁郁不得志的官吏创作的诗，全诗直抒胸臆，文笔锋利，情感激愤。

写作应用

作者用巧言如簧比喻进谗者，生动形象，深入人心。这四个字在后世沿用的过程中演变为固定的成语，专门用来形容一个人能说会道。需要强调的是，作者用簧片形容人讲话，并不是指这个人讲话的声音像音乐一样好听，而是指这个人讲话的内容具有很强的迷惑性，特别能迎合听众，像奏乐一样让听者陶醉，使其失去判断力。

我们在写作时，形容笔下的人物能言善辩、滔滔不绝，甚至无理搅三分，就可以引用这两句诗。当然，“颜之厚矣”这个评判较负面，引用的时候要根据具体情况取舍，如果只是表现人物夸夸其谈，但品德没有这么恶劣，可以舍去。比如——

逛超市，最怕遇到“巧言如簧”的推销员，他们善于利用各种优惠条件诱人购物，掏空你的钱包还让你觉得好像捡了天大的便宜。“蛇蛇硕言，出之口矣”，他们将商品夸得天花乱坠，但对其是否实用，往往就避而不谈了。

名句 无言独上西楼，月如钩。

出处 南唐李煜《相见欢·无言独上西楼》。原文：“无言独上西楼，月如钩。寂寞梧桐深院锁清秋。剪不断，理还乱，是离愁。别是一般滋味在心头。”

释义 默默无言，我独自登上西楼。仰望天空，残月如钩。庭院里，梧桐树孤寂地站立着，清冷的秋色笼罩其中。那剪也剪不断、理也理不清的是亡国之苦。那愁思萦绕在我心头，别有一番难言的滋味。

相见欢：词牌名。

锁清秋：被秋色所笼罩。清秋，一作深秋。

剪：一作翦。

离愁：指亡国之愁。

别是一般：另有一种意味。别是，一作别有。

背景 李煜，字重光，号钟山隐士、莲峰居士，南唐最后一位国君，世称南唐后主、李后主。他在中国词史上占有重要的地位，被称为“千古词帝”。

李煜于公元961年继位，此时宋太祖赵匡胤已经称帝一年。宋朝先后灭掉后蜀、南汉，南唐形势岌岌可危。李煜继位十年后，自贬国号为江南，改称国主，派遣使臣朝宋。开宝八年（975年），宋灭南唐，李煜亡家败国，肉袒出降，被囚禁于汴京。这首词便是此时所作。该词沉郁哀婉，深沉自然，表现了词人离乡去国的锥心怆痛，是宋初婉约词派的开山之作。

写作应用

为了表达沉默无语的孤寂之感，词人用“独上西楼”描写形单影只的情形，又用“月如钩”，只有空中的残月与自己相伴，突出四下无人的空旷、寂寥。与滔滔不绝相比，默默无言更难描写，因为无法用谈话内容反映人物的内心感受。所以，词人用残月、梧桐、深院、清秋等意象，渲染出一种孤单凄凉的情境。为了增强表达效果，词人又综合运用比喻、拟人等修辞手法，用“钩”比喻月亮，用剪不断的丝缕比喻“离愁”，将梧桐树拟人化，让其有了寂寞的心绪，提升了文章的表现力与感染力。

我们描写人物时，如果要突出其孤独、寂寞，可以引用“无言独上西楼，月如钩”。当然，沉默并不都是消极的，黎巴嫩作家纪伯伦认为沉默蕴含着智慧，他在散文诗《沙与沫》中写道——

如果你真的睁起眼睛来看，你会从每一个形象中看到你自己的形象。

如果你张开耳朵来听，你会在一切声音里听到你自己的声音。

真理是需要我们两个人来发现的：一个人来讲说它，一个人来了解它。

虽然言语的波浪永远在我们上面喧哗，而我们的深处却永远是沉默的。

此外，描写人物的言语，最好是抓住其个性特点，或者截取生活中的某个片段，不能泛泛而谈，否则会失去焦点。例如，“巧舌如簧”的说话方式，能够展现出人物浮夸的性格，而“无言独上西楼”传达的则是人物内心的愁苦。我们在写作文时，也要区分不同的情景。比如，一个同学正大声朗读英文课本，描写这样的场景时，就要突出他全情投入、聚精会神的状态。如果是在课堂上回答老师的提问，我们就要注意他与老师之间的互动，以及周围同学对其回答的反应，以此来判断这个同学是否自信，学习是不是优秀。

行 为

名句 **控弦破左的，右发摧月支。**

出处 曹魏曹植《白马篇》。原文："宿昔秉良弓，楛矢何参差。控弦破左的，右发摧月支。仰手接飞猱，俯身散马蹄。狡捷过猴猿，勇剽若豹螭。"

释义 他手握弓箭早晚不停演练，下苦功练就了一身武艺。拉开弓左右射击，箭箭都射中了靶心。抬手射中飞来的东西，俯身就能打碎箭靶。他灵巧敏捷赛过猿猴，勇猛轻疾如同豹螭。

宿昔：早晚。

秉：执、持。

楛（hù）矢：用楛木做成的箭。

参差（cēn cī）：长短不齐的样子。

控弦：开弓。

的：指箭靶。

月支：指箭靶。

左、右是互文见义。

飞猱（náo）：飞奔的猿猴。猱，猿的一种，行动敏捷，攀缘树木，上下如飞。

马蹄：指箭靶。

螭（chī）：传说中形状如龙的黄色猛兽。

背景　《白马篇》为曹植前期的代表作品，因为表现了边塞游侠的忠勇，也叫《游侠篇》。这首诗描写了边塞游侠捐躯赴难、奋不顾身的英勇行为，塑造了一位武艺高超、渴望为国立功的游侠少年形象。曹植素有“捐躯赴难，视死如归”的抱负，本人也有从军出塞的经验。诗中的英雄形象，既是诗人的自我写照，又闪耀着时代光辉。

写作应用

诗人选用“破”“摧”“接”“散”四个动词，从左、右、上、下不同方位表现了游侠的高超武艺，令人有一气呵成之感。描写人物的行为，动词的选取是重中之重。如果不能精准地描写人物的动作，很难使读者想象出生动、具体的画面。而要找到精准的动词，首先必须拥有强大的词汇储备。词汇量越大，可供选取的素材就越多。

另外，“控弦破左的，右发摧月支”使用了互文的修辞手法。互文是由上下文意互相交错、互相渗透、互相补充来表达完整意思的修辞手法，在古诗文中经常采用，可以达到“文省而意存”的效果，令人回味无穷。虽然现代人不再把射箭作为一门必备武艺，但是用这两句诗来形容男子动作敏捷还是颇有诗意的。比如——

体育健儿大显身手的时刻到了，不论是短跑高手还是长跑健将，都能在运动会上充分展示自己的实力。看吧，他们英姿飒爽、身手矫健，仿佛“控弦破左的，右发摧月支”的古代侠士，将体育比赛变成一场演武盛会。

名句 当窗理云鬓，对镜帖花黄。

出处 南北朝《木兰诗》。原文：“脱我战时袍，著我旧时裳。当窗理云鬓，对镜帖花黄。出门看火伴，火伴皆惊忙：

同行十二年，不知木兰是女郎。”

释义 我脱下打仗时穿的战袍，穿上从前的女装。面对窗户和镜子，梳理柔美的鬓发，贴上漂亮的花黄。出门遇见部队的伙伴，他们都很吃惊地说：“一起征战十二年，竟然不知木兰是个女子。”

著（zhuó）：通假字，通“着”，穿。

云鬓：像云那样的鬓发，形容好看的头发。

帖（tiē）花黄：“帖”，通假字，通“贴”。花黄，古代妇女的一种面部装饰物。

火伴：通“伙伴”。

背景 《木兰诗》是一首民间叙事长诗，讲述了一个叫木兰的女孩，女扮男装，代父从军的故事。她在战场上建立功勋，回朝后不愿做官，只求回家与亲人团聚。诗中热情赞扬了这位奇女子勤劳善良的品质、保家卫国的热情、英勇战斗的精神，以及端庄从容的风姿。作品具有强烈的艺术感染力，是北朝乐府民歌的杰出代表。

写作应用

战争结束，代父从军的木兰脱下战袍，精心打扮，恢复女儿身。“理”和“帖”两个字，生动地写出了木兰的女性动作，把她从战士瞬间转变为女子。可见，动作描写得精准，能迅速突出人物的性别特征。后来，这两句传神的诗句，常被用来代指女子梳妆打扮。比如——

为了提高演出效果，女同学纷纷“当窗理云鬓，对镜帖花黄”，希望把自己最美的一面展现在舞台上。

将《木兰诗》与曹植的《白马篇》对比，我们可以发现，写男性要突出其健壮、有力，写女性要展现其精巧和细腻。但有时候，反向描写也能起到意想不到的效果，比如把男性的细腻或者女性的粗犷表现出来，会给读者留下更加深刻的印象。

在《红楼梦》中，贾宝玉有个特殊的癖好，那就是吃胭脂——

宝玉不答，因镜台两边俱是妆奁等物，顺手拿起来赏玩，不觉又顺手拈了胭脂，意欲要往口边送，因又怕史湘云说。正犹豫间，湘云果在身后看见，一手掠着辫子，便伸手来“拍”的一下，从手中将胭脂打落，说道：“这不长进的毛病儿，多早晚才改过！”

古代的胭脂主要由花汁制作而成，所以可以吃。但是贾宝玉身为男子，却爱吃女性化妆用的胭脂，还是显得太另类了。作者这样描写，就突出了贾宝玉喜欢和女孩亲近的特点。

与之类似，如果描写女警察、女军人，我们就要在行为举止上突出她们的职业特点，不能将其写得太柔弱。行为描写最终要为人物形象服务，我们构思文章的时候，要选取能够体现人物性格特征的行为。想要实现目标，平时就要留心观察人们的行为举止。比如，老师提问时，很多同学举手回答，但每个人的动作不尽相同。有的可能规规矩矩，把手臂举得笔直；有的就非常着急，不住地冲老师挥动手臂。大家仔细观察一下，你身边的同学，举手时都是什么样子的？男生和女生有什么不同？前排的同学与后排的同学表现是不是一样？这些观察结果，将来都可以转化为生动的写作素材。

知识贴士

宋　词

宋词是宋代盛行的一种文学体裁，是相对于古体诗的新体诗歌。宋词句子有长有短，便于歌唱。因是合乐的歌词，故又称曲子词、乐章、长短句、诗余、琴趣等。词始于南朝梁代，形成于唐代，而极盛于宋代，被称为宋词，与唐诗并称双绝。宋词是宋代文人的智慧精华，标志着宋代文学的最高成就。

词是一种音乐文学，它的创作、流传都与音乐有直接关系。与词相配合的音乐是燕乐，又叫宴乐，主要用于娱乐和宴会的演奏。词最初流行于民间，被称作民间词。到中唐时期，诗人张志和、韦应物、白居易、刘禹锡等开始写词，把这一文体引入了文坛，称为文人词。到晚唐五代时期，文人词有了很大的发展，出现了温庭筠和以他为代表的“花间派”词人，还有以李煜、冯延巳为代表的南唐词人。这些人为词体的成熟作出了重要贡献。

进入宋代，词的创作蔚为大观，涌现了大批优秀的词人，名篇佳作层出不穷，同时出现了不同流派。《全宋词》共收录流传至今的词作一千三百三十多家，将近两万首，从这一数字可以推想当时的盛况。

宋词分为婉约派（包括花间派）、豪放派两大类。

婉约派的特点是内容侧重儿女风情，结构深细缜密，重视音律谐婉，语言圆润，清新绮丽，有一种柔婉之美。代表人物有柳永、李清照等。

豪放派的特点是创作视野广阔，气象恢宏雄放，语词宏博，用事较多，不拘守音律。代表人物有苏轼、辛弃疾等。

范文

你好，同桌

张双

“大家欢迎新同学！”班主任话音刚落，就把站在身边的女孩推到讲台中央。“做个自我介绍吧！”班主任说完，拍拍她的肩膀。女孩紧张地咬了咬嘴唇，迟迟不敢开口。我发现她手臂僵硬着垂在衣服两边，偷偷地用手指撕扯着衣角。为了不耽误上课，班主任忙说：“她叫王智慧，是新转来的同学，以后大家要互相帮助。”然后就安排她做了我的同桌。

新同桌给我的第一印象不错。她身材苗条，皮肤白皙，一条长辫子坠在脑后，椭圆形的脸蛋上有一双黑亮的大眼睛。她坐在我旁边全神贯注地听课，眼睛一眨一眨的，真是“明眸善睐”啊。看样子是个好学生，听课很认真！我一直希望有一个好学的同桌，以前遇到过爱捣乱的同桌，搞得我烦恼不已。这节课我们都认真听讲，没有说话。这种安静的感觉真好。

课间时分，我想跟她增进了解，还没来得及开口打招呼，她却把目光转向了窗户，不停地左顾右盼。会不会是不适应新环境，感到孤独、紧张？我想知道她在搜寻什么，便顺着她的眼神望过去。一看不要紧，原来她正“当窗理云鬓，对镜帖花黄”，把玻璃当镜子照，不住地打量自己。居然是个爱臭美的丫头，这样在乎外表，哪能专心致志学习？我觉得，她上节课认真听讲的样子可能是装的。整个上午，我们都没有说话，我要跟她做朋友的热情已经荡然无存。

中午回家，我都没胃口吃饭，看到妈妈忙前忙后很辛苦，就没有提起这件烦心事。想到下午又要与她默默相对，我不由得有“无言独上西楼”之感。说不定她也不喜欢我，过不了多久会向老师要求调换座位，不再做我的同桌呢！走在路上，我边想边安慰自己。

进了教室，我低头走向座位，然后默默坐下，没有理会新同桌。“你不太爱说话吗？”清脆的声音在耳边响起。我一愣，猛抬头正对上她水灵灵的大眼睛。“巧笑倩兮，美目盼兮”，她微笑地望着我，等我回答。怎么说她也是个美女啊，喜欢打扮也在所难免。我也对她笑了笑，说：“我是不想打扰你，看你下课还忙着‘照镜子’。”说完，我冲窗户努了努嘴。她扑哧一声笑了出来，说：“这都被你发现了。其实我不是爱美，是因为第一次来新学校，怕时间紧张找不对地方，早晨出门时急得忘了洗脸。到了学校才想起来，所以总担心脸上有脏东西。”

原来如此。我们接着又聊了几句，气氛一下子活跃了起来。下午的课上得很轻松，我们俩都抢着回答问题。她基础知识很扎实，老师提出的问题都能对答如流，即使一些有难度的题目，也能找到解题思路。

有个好学的同桌陪着，我感觉轻松多了，晚上回家便跟爸爸妈妈汇报了情况，然后赶紧上床休息。我想第二天早起提前到校，和她好好聊聊，了解彼此的家庭情况、学习情况，为进一步交往打好基础。

初升的朝阳挂在空中，阳光透过云层落在大地上，我哼着歌，迎着五彩的霞光走进教室。

“你好，同桌！”银铃般的声音迎面而来，同时映入眼帘的还有她那绚烂的笑脸。

没想到她来得更早，我惊讶之余感到欣喜若狂。看来她与我不谋而合，也想找机会互相增进了解。如此心有灵犀，我们一定能成为好朋友。

我冲她使劲挥了挥手，回答道：“你好，同桌！”

写作技法解析：

从细微处入手

快速切入：在文章开头，作者用一句话就交待了故事背景。这样的开场白简洁、明了，容易让读者产生代入感。如果换成平铺直叙的介绍，“今天，我们班来了一个新同学”，就显得过于平淡了。所以，作文的开头非常重要，别致的开头可以引起读者的兴趣，也会给阅卷老师留下深刻的印象。

抓住节点：生活中，我们遇到的人，无外乎家人、老师、同学、朋友，多是比较亲近的。和这些人交往，都是琐碎之事。要从日常生活中写出人物的特点，怕是比较困难。怎样在方寸之间做文章呢？最简单的办法，就是抓住重要节点来写。

比如前面范文写的是我的同桌，抓住的就是和同桌初识的场景，因为初次见面是人们特别关注的节点。文中，作者对同桌的第一印象不错，接着发现同桌有爱照镜子的习惯，心里的感受由喜悦变为失落。之后，又跟同桌把误会解开，进而建立起良好的关系。这些细微的心理变化，只有初次见面时才会发生，因为彼此不了解，才会出现这样的情绪起伏。

如果让你写一个人，除了写相识过程，还有哪些时刻值得大书特书呢？我想，毕业分别、转学离开、重新分班、过生日、运动会或者歌唱比赛，等等，都是值得留意的节点。把人物放在特定的时空下，才会突显出其独有的性格特征。

整体基调：光有细节不足以把握人物的性格底色，写作文，要把文章的整体基调确定好，对人物是褒还是贬，有明确指向，才能给读者留下深刻印象。范文里，同桌给作者的印象有一个转折，这种欲扬先抑的写法，为后面展示同桌的优点做了很好的铺垫。如此谋篇布局，加深了读者对人物性格的理解。

最后，作者对结尾的处理，也是别具匠心、余味悠长。提前入校的同桌，让作者惊喜不已，也让读者感受到她重视与人交往、相处的细节，是个非常有亲和力的人。文章最终落脚在作者有了一个志同道合的好同桌，其主旨亲切自然、健康有益，彰显了整篇文章的价值和意义。

核心能力

写人的秘诀

人物描写是写作者的重要功课，也是必须练习的基本技能。塑造栩栩如生的人物形象，向来是衡量一部优秀文学作品的主要标尺。《红楼梦》之所以是四大名著之首，端在于曹雪芹塑造了众多鲜活的人物，使他们成为文学画廊里永恒的艺术形象。“文学是人学”，学会把人物写立体、写丰满，显得特别重要。那么，写人有没有诀窍呢？有，三招。

第一招：人物要立体。

要把人物描写得立体，就要写外貌、写对话、写动作，尤其要写习惯性动作。通过这样一组立体的信息传递，我们笔下的人物才能活灵活现。

比如鲁迅在《孔乙己》中这样描写——

孔乙己是站着喝酒而穿长衫的唯一的人。他身材很高大；青白脸色，皱纹间时常夹些伤痕；一部乱蓬蓬的花白的胡子。穿的虽然是长衫，可是又脏又破，似乎十多年没有补，也没有洗。他对人说话，总是满口之乎者也，教人半懂不懂的。因为他姓孔，别人便从描红纸上的“上大人孔乙己”这半懂不懂的话里，替他取下一个绰号，叫作孔乙己。孔乙己一到店，所有喝酒的人便都看着他笑，有的叫道，“孔乙己，你脸上又添上新伤疤了！”他不回答，对柜里说，“温两碗酒，要一碟茴香豆。”便排出九文大钱。他们又故意的高声嚷道，“你一定又偷了人家的东西了！”孔乙己睁大眼睛说，“你怎么这样凭空污人清白……”“什么清白？我前天亲眼见你偷了何家的书，吊着打。”孔乙己便涨红了脸，额上的青筋条条绽出，争辩道，“窃书不能算偷……窃书！……读书人的事，能算偷么？”接连便是难懂的话，什么“君子固穷”，什么“者乎”之类，引得众人都哄笑起来：店内外充满了快活的空气。

这段描写点出了孔乙己最显著的特征：站着喝酒而穿长衫的唯一的人。站着，说明他很穷，没资格落座；穿长衫，说明他放不下读书人的架子，固执、刻板。他总说一些“之乎者也”的文言文，更突出了他的迂腐。而他不管有钱没钱都要喝酒，这个一直保持的习惯，是他作为落魄文人最后的倔强。这样精彩的描写大家要反复阅读，熟读生巧，慢慢学习、借鉴，也能写出栩栩如生的人物。

第二招：让道具为你笔下的人物代言。

给你笔下的人物选择一个道具，为其代言。比如，孙悟空的道具是金箍棒，猪八戒的道具是九齿钉耙，关羽的道具是青龙偃月刀和赤兔马。这些道具都能充分体现人物的性格，在某种情况下也成为人物的化身。道具看似不说话，其实作用非常大。试想，如果吴承恩让孙悟空用的武器不是金箍棒，而是九齿钉耙，那我们会不会感觉特别别扭呢？如果罗贯中给关羽设定的道具不是青龙偃月刀，而是八棱锤，那么关羽忠勇的武圣形象是不是会大打折扣呢？

小仲马在《茶花女》中设计了道具——

一个月里面有二十五天，她拿着的是白色茶花，剩下五天，则是红色茶花的专属日子。所有人都注意到了这件事情，但是从来没有人知道这种颜色的变换究竟代表着什么意义。

小仲马用茶花作为女主人公玛格丽特的道具，同时也说明了“茶花女”这个名字的由来。

再比如，格林兄弟在《白雪公主》里写道——

坏皇后接着进了一间任何人都不得进入的密室，制造一颗很毒很毒的苹果，它看上去很美，白里透红，谁见了都会流口水。

毒苹果就是坏皇后的道具。通过道具，人物的性格、品性就都一目了然。

第三招：细节要真实、生动、典型。

巴尔扎克的《守财奴》里描写了一个经典的细节——

本区的教士来给葛朗台做临终法事的时候，十字架、烛台和银镶的圣水湖一出现，似乎已经死去几个小时的眼睛立刻复活了，他目不转睛地盯着那些法器，他的肉瘤也最后动了一动。神甫把镀金的十字架送到他唇边，给他亲吻基督的圣像，他却做了一个骇人的姿势，想把十字架抓在手里，这一下最后的努力送了他的命。

葛朗台是个守财奴，爱财如命。看到金子，占有金子，是他的执着。他抢夺女儿的梳妆匣，像老虎扑向睡着的婴儿。他担心女儿分去他手中一部分家财，“在女儿面前打哆嗦”。

他晚年患了“疯癫”，只能坐在轮椅上靠人推来推去，但他还亲自守着藏金子的密室。教父给他做临终法事，他竟想把镀金的十字架一把抓在手里。他临死时最依恋的不是唯一的女儿，而是由女儿继承的那笔财产，并吩咐女儿要好好代为管理，等到女儿灵魂升天后再向他交账。这一系列的细节描写，把一个守财奴的形象给烘托了出来。

总结：写人要记住“孙悟空模式”。

孙悟空是各类写人技法的集大成者。孙悟空的外貌有特点：像猴子。有特殊的穿戴：头上戴着金箍。有习惯性的动作：不停地搔痒，抓耳挠腮，搔来搔去。有口头禅：“俺老孙……”。有道具：金箍棒。有本事：能七十二变，擅长降妖除魔。所以说，孙悟空这个人物形象能深入人心。

大家写人物时要记住“孙悟空模式”，按照这个方法去写，必定能塑造出生动、立体的人物形象。

心

一 片 冰 心 诉 衷 肠

理

喜

名句 **春风得意马蹄疾，一日看尽长安花。**

出处 唐代孟郊《登科后》。原文："昔日龌龊不足夸，今朝放荡思无涯。春风得意马蹄疾，一日看尽长安花。"

释义 往日的困顿不值一提，今天金榜题名令我高兴至极。我迎着春风，得意扬扬地纵马驰骋，马儿飞奔，一日就赏遍了京城的名花。

登科：唐代实行科举考试制度，考中进士称及第，经吏部复试取中后授予官职称登科。

龌龊（wò chuò）：原意是肮脏，这里指不如意的处境。

不足夸：不值得提起。

放荡：自由自在，不受约束。

思无涯：兴致高涨。

得意：指考取功名，称心如意。

疾：飞快。

背景 唐贞元十二年（796年），46岁的孟郊第三次赴京科考，终于进士及第。放榜之日，孟郊喜不自胜，当即写下了平生第一首快诗《登科后》。全诗节奏轻快，一气呵成，表现了金榜题名后极度欢快的心情，在“思苦奇涩”的孟诗中别具一格。这首诗也留下了“春风得意”与“走马看花”两个世人熟知的成语。

写作应用

前一章我们讲了怎样描写人物的外在表现，这一章，我们主要讲讲如何写好人物的心理活动。心理描写是指对人物的心理状态、精神面貌和内心活动进行文字刻画。通过心理描写可以很好地解释人物的性格特点，揭示人物的思想感情。常说人有七情六欲，指的就是人有各种复杂的内心活动。《礼记·礼运》中说：“何谓人情？喜、怒、哀、惧、爱、恶、欲，七者弗学而能。”我们接下来就按照《礼记》的分类，讲讲怎样写好人这七种最基本的内心活动。

按唐制，进士考试在秋季举行，发榜则在下一年春天。这时候的长安，春风轻拂，百花盛开。于是，作者借用春风这个意象，表达了金榜题名后的喜悦心情。所谓“春风”，既是自然界的春风，也是作者认为可以大有作为的政治气候的象征。

象征是文学创作中的一种表现手法，指通过某一具体的形象表现与之相似的概念、思想或感情。如喜鹊象征吉祥、乌鸦象征厄运、鸽子象征和平、鸳鸯象征爱情，这些都是根据传统习俗，选择人们熟知的象征物表达特定的概念，从而使抽象的概念具体化、形象化。

象征还可以表达真挚的感情和深刻的寓意。《秦风·无衣》是《诗经》收录的一首军中战歌，歌中唱道：“岂曰无衣？与子同袍。”怎能说没有衣裳？我愿与你同披一件战袍。这是用同袍象征战场上生死与共的深厚情谊。屈原在《离骚》中，把“美人”作为美好理想的象征，“惟草木之零落兮，恐美人之迟暮”，想到草木不断飘零凋谢，就担忧美人也会日益衰老。用草木凋零象征美人衰老，丰富了人们的联想，耐人寻味。

孟郊不但用“春风”象征美好的社会风气，而且将其拟人化，自己踌躇满志，让“春风”也跟着“得意”起来。“春风得意”原指读书人考中后的得意心情，现在用来形容达到目的后那种得意扬扬的情态。得意的孟郊策马疾驰，“一日看尽长安花”。偌大一个长安城，无数春花，怎能“一日”之内“看尽”？这又是夸张的写法了。虽是夸张，却写出了真情实感，所以并没有让人觉得荒唐。“走马看花”这个成语也出自此处，原是形容得意愉快的心情，后多指粗略地观察事物。引文中这两句诗，运用了三种写作手法，留下了两个耳熟能详的成语。由此可见，综合运用多种写作手法可以增强文章的表达效果。

通过上述分析，大家学会心理描写的方法了吗？即尽量用拟人、夸张、比喻等手法，形象地描绘人物的心理活动，让其变得可知可感。再把他们在这种心理状态支配下，表露出的精神气质和行为举止一一描写出来。通过这样细致入微的刻画，读者才能理解、感受人物的内心世界。

名句 一生大笑能几回，斗酒相逢须醉倒。

出处 唐代岑参《凉州馆中与诸判官夜集》。原文：“弯弯月出挂城头，城头月出照凉州。凉州七里十万家，胡人半解弹琵琶。琵琶一曲肠堪断，风萧萧兮夜漫漫。河西幕中多故人，故人别来三五春。花门楼前见秋草，岂能贫贱相看老。一生大笑能几回，斗酒相逢须醉倒。”

释义 弯弯的月儿升起悬挂在凉州城头，皎洁的月光照亮整个凉州。凉州方圆七里住着数十万人家，这里的胡人半数懂得弹琵琶。一首琵琶曲令人肝肠欲断，只觉得风声萧萧，长夜漫漫。河西幕府里有很多老朋友，我与他们分别已有三五个春天了。花门楼前的草又已泛黄，我们哪能在贫贱中老下去呢？人生在世能有几回开怀大笑，今天相逢共饮定要一醉方休。

凉州：唐代河西节度府所在地，治所在今甘肃武威。

馆：客舍。

判官：唐代节度使、观察使下的属官。

里：一作“城”。

胡人：中国古代对北方边地及西域各民族人民的称呼。

半解：半数人懂得。解，懂得，明白。

萧萧：象声词。此处形容风声。

漫漫：形容黑夜漫长。

河西：汉唐时指今甘肃、青海两省，黄河以西，即河西走廊与湟水流域。此处指河西节度使，治所在凉州。

故人：旧交，老友。

花门楼：这里指凉州馆舍的楼房。

贫贱：贫苦微贱。

斗酒相逢：相逢斗酒。斗酒，比酒量。

背景 岑参，唐代边塞诗人，与高适并称“高岑”。岑参聪颖早慧，五岁开始读书，九岁创作文章。他先后两次从军边塞，对边塞风光、军旅生活以及异域风俗有真切的感受。

此诗作于唐玄宗天宝十三载（754年），当时岑参赴北庭途经凉州，高适、严武等老朋友前来迎送，与他一起欢聚夜饮。此诗写的就是与老友相聚的情景。

写作应用

一个“笑”字，写出了作者和朋友对前途、生活充满信心，从他们的笑声中，我们能感受到盛唐气象。举杯共饮“须醉倒”，不是借酒浇愁，而是以酒助兴，渲染聚会时的欢快气氛。我们在描写类似的场景时，可以直接引用。

“春风得意马蹄疾，一日看尽长安花”，描写的是诗人金榜题名后的喜不自胜，是按捺不住的兴奋状态；“一生大笑能几回，斗酒相逢须醉倒”则是写多人共聚时，由情绪感染引发的群情激昂。描写心理活动，一定要契合人物所处的生活场景。独自欣喜，往往通过人物的神态和举止表现出来；与人共乐，就要把重点放在环境和气氛的营造上，只有把气氛做足，人物的喜悦之情才能被读者理解，才能激发读者的心理共鸣。

名句 **时人不识余心乐，将谓偷闲学少年。**

出处 北宋程颢《春日偶成》。原文："云淡风轻近午天，傍花随柳过前川。时人不识余心乐，将谓偷闲学少年。"

释义 已近正午，淡淡的白云随着微风飘荡，我从花柳间穿过，来到前面的河边。旁人不知道我此刻内心的快乐，还以为我像少年一样忙里偷闲呢。

偶成：偶然写成。

云淡：云层淡薄，指天气晴朗。

午天：指中午的太阳。

傍花随柳：傍随于花柳之间。傍，靠近，依靠。随，沿着。

川：瀑布或河畔。

时人：一作"旁人"。

余心：我的心。余，一作"予"，我。

将谓：就以为。

偷闲：忙中抽出空闲的时间。

背景 程颢(hào)，字伯淳，号明道，北宋哲学家、教育家、诗人。他是北宋理学的奠基者，与弟弟程颐被称为“二程”。其学说在理学发展史上占有重要地位，后来为朱熹所继承和发展，世称程朱学派。

这首诗是程颢任陕西户县主簿时于春日郊游，触景生情所作。程颢修养有道，门人、友人与其相交数十年都未见他有急厉之色。但他长期困在书斋里，少有闲暇宽怀的时候，一旦回到大自然中，便觉得格外爽快，怡然自得。

写作应用

诗人在春色中漫游，不被“时人”理解。面对这种误解，诗人进行了婉转的反讽，借此表达自己乐在其中的高雅情趣。

反讽，又称反语，是一种带有讽刺意味的写作技巧，利用违反常情常理的情况，达到讽刺或批评的目的。比如，钱锺书说：“我发现拍马屁和谈恋爱一样，不容许有第三者冷眼旁观。”意在反讽恭维人最好私下进行，不要当着第三者的面，否则令人尴尬。阅读具有反讽意味的句子，不能从字面上理解作者的意图，因为其本义正好与字面意义相反，需要通过上下文及语境来了解其用意，即言非所指，正话反说。

1926年，闻一多写下了新格律诗《死水》，全诗借鉴反讽的方法，表达了对“死水”一般的旧中国的激愤之情和对祖国深沉的挚爱——

这是一沟绝望的死水，
清风吹不起半点漪沦。
不如多扔些破铜烂铁，
爽性泼你的剩菜残羹。
也许铜的要绿成翡翠，
铁罐上锈出几瓣桃花；
再让油腻织一层罗绮，
霉菌给他蒸出些云霞。
让死水酵成一沟绿酒，
漂满了珍珠似的白沫；
小珠们笑声变成大珠，
又被偷酒的花蚊咬破。
那么一沟绝望的死水，
也就夸得上几分鲜明。

如果青蛙耐不住寂寞，
又算死水叫出了歌声。
这是一沟绝望的死水，
这里断不是美的所在，
不如让给丑恶来开垦，
看他造出个什么世界。

我们在描写人物的内心活动时，如果遇到不足为外人道的情景，可以引用程颢的这两句诗，表达“时人不识余心乐”的怡然自得之情。

名句 露浓花气清，悠然心独喜。

出处 南宋张孝祥《菩萨蛮·溶溶花月天如水》。原文：“溶溶花月天如水。阑干小倚东风里。夜久寂无人。露浓花气清。悠然心独喜。”

释义 天空和美景像水一样宽广。我倚着栏杆，任微风轻拂。长夜漫漫，寂静无人。露气湿浓，花香清新。我悠然闲适，独自欢喜。

菩萨蛮：词牌名。

溶溶：宽广的样子。

花月：花和月，泛指美好的景色。

背景 张孝祥，字安国，别号于湖居士，南宋著名词人、书法家。张孝祥善诗文，尤工词，风格宏伟豪放，为豪放派代表人物，有《于湖居士文集》《于湖词》等作品传世。

写作应用

古人讲究天人合一，敬仰万物，亲近自然。即使是微风拂面、花香扑鼻的平常景象，也会激发他们心中的喜悦之情。这是一种独对天地内心空灵的生命状态。现代人生活在都市之中，远离自然，很难有这种触景生情之感了。

不过，正因为难得，我们才要多去了解古人的内心世界，在与他们的对话中，领悟返璞归真的纯朴性情。例如，当我们外出郊游，远离了都市的车水马龙、灯红酒绿，置身于大自然中，会油然而生一种喜悦之情。这时，我们就可以用“露浓花气清，悠然心独喜”来表达欣喜之情。这类描写触景生情的诗句，特别适合用在写游记时抒发自己的内心感受。

怒

名句 **布衣之怒，亦免冠徒跣，以头抢地尔。**

出处 西汉刘向《唐雎不辱使命》。原文：“秦王怫然怒，谓唐雎曰：‘公亦尝闻天子之怒乎？’唐雎对曰：‘臣未尝闻也。’秦王曰：‘天子之怒，伏尸百万，流血千里。’唐雎曰：‘大王尝闻布衣之怒乎？’秦王曰：‘布衣之怒，亦免冠徒跣，以头抢地尔。’”

释义 秦王勃然大怒，对唐雎说：“你听说过天子发怒的情景吗？”唐雎回答说：“我未曾听过。”秦王说：“天子发怒，引发战争，会倒下数百万的尸体，鲜血流淌上千里。”唐雎说：“大王听说过百姓发怒会怎么样吗？”秦王说：“百姓发怒，不过是摘掉帽子，光着脚，用头撞地罢了。”

怫（fú）然：盛怒的样子。

公：相当于“先生”，古代对人的客气称呼。

布衣：平民。古代没有官职的人都穿布做的衣服，所以称布衣。

亦免冠徒跣（xiǎn），以头抢（qiāng）地耳：也不过是摘掉帽子，光着脚，用头撞地罢了。徒：裸露。跣：赤脚。抢：撞。

背景 刘向，字子政，西汉著名经学家、文学家，中国目录学鼻祖。《战国策》，又称《国策》，为刘向编撰的国别体史书。该书大部分资料出于战国时期，包括策士的著作和史料的记载。刘向编撰时，删去其中明显荒诞不经的内容，按照国别，重新编排体例，定名为“战国策”。

《唐雎不辱使命》是《战国策·魏策四》中的一篇史传文，后收录于《古文观止》，写的是唐雎奉安陵君之命出使秦国，与秦王面对面展开辩论，终于折服秦王，完成了使命。

写作应用

愤怒是非常强烈的心理活动，在愤怒的驱使下，当事人常常做出激烈的反应，甚至引发严重的后果。秦王和唐雎的这段对话，就是借描写愤怒产生的后果，强调天子和老百姓之间的巨大差距。秦王说，天子发怒了会发动战争，“伏尸百万，流血千里”，后果很严重。而老百姓发怒了，不过“免冠徒跣，以头抢地”，自戕自贱，没什么威胁性，所以，千万不能忤逆天子的要求。

秦王的话，流露出高高在上、藐视一切的傲慢。这种傲慢带有强烈的主观色彩和攻击性，这正是讽刺的表达效果。讽刺是暴露描写对象矛盾或缺点的一种文学手法，即用比喻、夸张等手法对人或事进行揭露、批评或嘲笑。

韩愈在《调张籍》中，讽刺那些批评李白、杜甫的人自不量力：“李杜文章在，光焰万丈长。不知群儿愚，那用故谤伤。蚍蜉撼大树，可笑不自量。”李白、杜甫诗文并在，犹如万丈光芒照耀诗坛。轻薄文人愚昧无知，怎么能用陈旧之辞诋毁他们？就像蚂蚁企图摇撼大树，他们也不估量一下自己，太可笑了。

《儒林外史》是清代吴敬梓创作的长篇讽刺小说，书中对科举制度的弊端、封建礼教的虚伪进行了深刻的批判和嘲讽——

话说万历二十三年，那南京的名士都已渐渐销磨尽

了。此时虞博士那一辈人，也有老了的，也有死了的，也有四散去了的，也有闭门不问世事的。花坛酒社，都没有那些才俊之人；礼乐文章，也不见那些贤人讲究。论出处，不过得手的就是才能，失意的就是愚拙；论豪侠，不过有余的就会奢华，不足的就见萧索。凭你有李、杜的文章，颜、曾的品行，却是也没有一个人来问你。所以那些大户人家，冠、昏、丧、祭，乡绅堂里，坐着几个席头，无非讲的是些升、迁、调、降的官场；就是那贫贱儒生，又不过做的是些揣合逢迎的考校。

前面介绍过反讽这种写作技巧，与之相比，讽刺又有怎样的特点呢？一般来讲，讽刺强调作者主观的强行介入，常常出现霸权式话语，是一种直接的语言攻击。秦王对唐雎，就是妥妥的语言攻击。他讽刺唐雎作为老百姓，其愤怒是一种毫无用处的情绪，除了无可奈何、自暴自弃，起不到任何作用。不过，唐雎后来发出要与秦王同归于尽的威慑，秦王屈服了。所以唐雎最终不辱使命，秦王的威胁也没有得逞。

同学们都有闯祸后被父母责备的经历吧！你能形容出父母生气时的样子吗？他们会怎样惩罚你呢？面对责

罚，你又有哪些反应？把这些想清楚了，你就掌握了描写愤怒的方法了。

名句 **愤怒气盛，目光如炬。**

出处 唐代李延寿《南史·檀道济传》。原文："道济见收，愤怒气盛，目光如炬，俄尔间，引饮一斛。乃脱帻投地，曰：'乃坏汝万里长城！'魏人闻之，皆曰：'道济已死，吴子辈不足复惮。'"

释义 檀道济被捕后，愤怒至极，怒火直冒，两道目光像火炬一样射出来。接着索酒一斛，一饮而尽。喝完之后，他将束发的布带解下来，扔到地上，大声吼道："你们这样做，就是毁坏自己的万里长城啊！"北魏人听了这个消息，喜形于色，都说："檀道济已死，其他人就没有什么可怕的了。"

见收：被拘捕之意。

俄尔：一会儿。

斛（hú）：中国古代量器名，亦是容量单位，一斛本为十斗，后来改为五斗。

帻（zé）：古代的一种头巾。

惮（dàn）：畏惧，害怕。

背景 李延寿，字遐龄，唐代著名史学家，独立完成两部正史——《南史》《北史》，从搜集史料到完成著作，用了长达30年的时间，是他一生治史的最大成就。

檀道济，东晋末年名将，刘宋王朝的开国元勋，屡立战功，声名远播。檀道济镇守寻阳（今江西九江），权力很大，宋文帝刘义隆怕他功高盖主，在元嘉十三年（436年）“召还杀之”。他被逮时说：“乃坏汝万里长城！”“自毁长城”这一成语便出自此处，意思是自己削弱自己的力量，或自己破坏自己的事业。

写作应用

人们常常用发火代指愤怒，因为内心的情绪太过激烈，如同大火一样熊熊燃烧。作者用火炬比喻愤怒时眼中射出的目光，就把人内心里的“火”表现了出来。“目光如炬”是典型的明喻手法，在比喻中最常用，也最简单。因为其喻体选得形象、精准，目光如炬便演变为一个成语沿用至今。它的本意是形容愤怒地注视着，后来也用来形容眼光独特、见识远大。

比喻有本体、喻体和比喻词三个成分，因这三个成分的异同和隐现，可分为明喻、隐喻（又称暗喻）和借喻。

明喻，本体、喻词和喻体同时出现。常用的喻词有：像、好像、好似、如、有如、如同、恰似、仿佛等。“目光如炬”“冷若冰霜”“热情似火”都是明喻。

隐喻，本体、喻体同时出现，但用“是、成、成为、变为”等系词代替“像、如”这一类的喻词。“北京是祖国的心脏”“校园是花的海洋”就是隐喻。

借喻是比喻中的高级形式，运用时要求本体与喻体的关系十分密切，在特定的语境中，由喻体可以直接领会到本体。李贺在《杨生青花紫石砚歌》中写道：“端州石工巧如神，踏天磨刀割紫云。”用“紫云”借喻端砚石料，让读者直接领会到“紫云”就是“紫石”。

不管比喻以何种形式出现，最重要的是找到精准的喻体，这样才能将比喻写得传神。比如，《水经注》里用“泉源上奋，水涌若轮”八个字描写济南的趵突泉，意思是泉水向上飞腾，涌出后从中心向四周散去，圆圆的水波形若车轮。用车轮比喻天下第一泉，惟妙惟肖、活灵活现。了解了比喻这一修辞手法，同学们可以试着运用这一手法描写愤怒，如他眼睛瞪得滚圆，愤怒的目光利剑般地射出来。

名句 **怒发冲冠，凭栏处、潇潇雨歇。**

出处 南宋岳飞《满江红·怒发冲冠》。原文：“怒发冲冠，凭栏处、潇潇雨歇。抬望眼，仰天长啸，壮怀激烈。三十功名尘与土，八千里路云和月。莫等闲，白了少年头，空悲切！”

释义 我愤怒得头发竖立，把帽子顶了起来。登上高楼，独自倚栏远眺，此时骤雨刚停。抬头远望，禁不住仰天长啸，一腔豪情在内心激荡。年过三十，虽立下功名，但如尘土微不足道。南征北战，路途遥远，我经过了多少风雨。不要浪费时光，赶紧建功立业，别等到年老头发白了，再徒自悲哀。

怒发冲冠：气得头发竖立，以至于将帽子顶起，形容愤怒至极。冠，指帽子。

潇潇：形容雨势急骤。

长啸：感情激动时撮口发出清而长的声音，为古人的一种抒情举动。

三十功名尘与土：年龄已三十岁，建立了一些功名，不过微不足道。

八千里路云和月：形容南征北战，路途遥远，披星戴月。

等闲：轻易，随便。

背景 岳飞，字鹏举，南宋时期抗金名将、诗人，位列南宋“中兴四将”之首。岳飞从20岁起，先后四次从军，参与、指挥大小战斗数百次，最后却以“莫须有”的罪名被杀害。岳飞的文学才华是古代将帅中少有的，他的不朽词作《满江红》，更是千古传诵的爱国名篇。关于此词的创作背景，学界有多种说法。有学者认为此词作于宋高宗绍兴二年（1132年）前后，也有人认为其作于绍兴四年（1134年），岳飞克复襄阳六郡晋升清远军节度使之后。

写作应用

“怒发冲冠”是一个成语，形容人极端愤怒。很多人是在《满江红》这首词中第一次读到这个成语。其实，“怒发冲冠”的出处并不在这里。

《庄子·盗跖》中写道：“盗跖闻之大怒，目如明星，发上指冠。”《史记·廉颇蔺相如列传》中写道：“相如因持璧却立倚柱，怒发上冲冠。”可见，古人早就用这种方式描写愤怒了，岳飞也是在前人的基础上进行的化用。这个成语的演变过程告诉我们，想要写好文章，多读前人的作品是非常重要的。任何创作都需要积累，好词好句是写好文章的原料，没有一定的积累，遇到要描写的事物就才尽词穷，出现无米下锅的尴尬局面。

盛唐诗人李白在《把酒问月》开篇就问："青天有月来几时？我今停杯一问之。"抒发其对月亮的疑问，当然也是对岁月、对人生的困惑。面对人生的悲欢离合，北宋文豪苏轼在《水调歌头》起首就说："明月几时有？把酒问青天。"李白和苏轼的"问月"何其相似。其实，在李白之前，初唐诗人张若虚在《春江花月夜》一诗中就写道："江畔何人初见月，江月何年初照人。"从张若虚到李白再到苏轼，我们可以看出继承与创新之间的密切关系——有些创作，并不是"无中生有"，而是"有中出新"，即后人在充分学习前人的基础上，再往前走一步，写出新意。

再说回《满江红》这首词，光是怒发冲冠，不足以表达岳飞内心激烈的情感，他接着写"凭栏处、潇潇雨歇"，即使如此愤怒，也只能在疾风骤雨停歇后，独自登高凭栏远眺。骤急的风雨正是岳飞内心悲愤的映射，当这股愤怒缓解之后，只能独自平复内心的不平。这个场景让作者的愤怒充满了落寞和慨叹，读完后使人联想到大将军那孤单的身影。所以，"怒发冲冠，凭栏处、潇潇雨歇”，愤怒之中平添了悲凉，适合用来表达壮志未酬的悲愤之情。

名句 **衰迟罢试戎衣窄，悲愤犹争宝剑寒。**

出处 南宋陆游《书愤二首》（其二）。原文：“镜里流年两鬓残，寸心自许尚如丹。衰迟罢试戎衣窄，悲愤犹争宝剑寒。远戍十年临的博，壮图万里战皋兰。关河自古无穷事，谁料如今袖手看。”

释义 岁月流逝，对着镜子照出自己两鬓斑白的模样。不过，我自信这颗报国的心依然炽热、忠烈。这么大年纪不该再穿紧身的军装了，但悲愤常在，还想提起寒光闪闪的宝剑刺向敌人。我曾在川陕边关驻守十年，还要到万里之外的皋兰山征战。关山河川是古往今来的战场，谁能料到如今我却在这里袖手旁观。

寸心：微小的心意。

衰迟：衰老。

戎衣：军衣。

的博：又作“滴博”，山岭名，在四川理县东南。这里泛指川陕。

壮图：宏伟的意图。

皋兰：山名，在今甘肃省兰州市南。

关河：关山河川。

袖手看：袖手旁观。

背景 这首诗是宋宁宗庆元三年（1197 年）春，陆游 73 岁时创作的。此时他已回归故乡，在山阴三山别业住了 8 年。虽然年过古稀，陆游心中仍不时涌动杀敌报国的豪情，所以一连写下《北望》《长歌行》《残梦》《书愤二首》等诗篇，抒发悲愤之情。这首诗笔力雄健，气壮山河，表现出了诗人对国家和民族的深厚情意。

写作应用

这首诗写出了诗人虽已年过古稀，仍想上阵杀敌的强烈愿望。愤怒的力量，在诗人这里，可以化为剑，刺向敌人。时光流逝，当年壮志凌云的诗人，今日只能袖手旁观。但是他在悲愤中激起的斗志，还是给人很大的鼓舞。这就是所谓的化悲愤为力量吧。

读完本节这几组古文佳句，我们能够体会出，愤怒虽有不同的表现形式，但它始终是一种强烈的情绪。

所以，在描写愤怒时，最好能形容出其强烈程度。比如，盛怒之下，暴跳如雷，两眼冒火；悲愤之时，心如刀剑，杀气腾腾；即使只是跟人赌气、闹别扭，也要有一份固执、强硬在心里。描写愤怒，不能把它写得软绵绵的，没有力量感，那样就南辕北辙，达不到表达效果了。比如——

爸爸担心爷爷在农村劳作太过辛苦，想接爷爷进城养老。可是爷爷非常抗拒。每每提到他年事已高，不适合干农活了，爷爷都很生气。“衰迟罢试戎衣窄，悲愤犹争宝剑寒”，像上阵杀敌的将军一样，爷爷把自己的一亩三分地当作战场，只有耕作、收获才能体现他的人生价值。

哀

名句 **念天地之悠悠，独怆然而涕下。**

出处 唐代陈子昂《登幽州台歌》。原文：“前不见古人，后不见来者。念天地之悠悠，独怆然而涕下。”

释义 往前看不到礼贤下士的圣君，向后寻不到求才若渴的明君。想到苍茫天地悠悠无限，我心生悲哀，禁不住热泪滚滚。

幽州：古十二州之一，现今北京市。

幽州台：黄金台，又称蓟北楼，故址在今北京市大兴区，是燕昭王为招纳天下贤士而建造的。

前：过去。

古人：古代那些能够礼贤下士的圣君。

后：未来。

来者：后世那些重视人才的贤明君主。

悠悠：形容时间的久远和空间的广大。

怆然：悲伤凄恻的样子。

涕：古时指眼泪。

背景 陈子昂，字伯玉，唐代文学家、诗人，初唐诗文革新人物之一，与司马承祯、卢藏用、宋之问、王适、毕构、李白、孟浩然、王维、贺知章并称“仙宗十友”。他的诗风骨峥嵘，寓意深远，苍劲有力，有 100 多首留存后世。

这首诗写于武则天万岁通天元年（696 年）。陈子昂很有政治才能，但仕途接连受挫。眼看报国宏愿成为泡影，他登上蓟北楼，慷慨悲吟，写下了《登幽州台歌》。

写作应用

全诗语言奔放，富有感染力，只有短短四句，却展现了一幅浩瀚空旷的画面。前两句俯仰古今，写出时间的绵长；第三句登楼眺望，道出空间的辽阔；第四句抒发诗人悲哀的心情。全诗前后映照，格外动人。为什么短短四句话就能触动人心呢？因为作者将内心的悲哀与宇宙打通，使自己的悲哀无限扩展，让读者也笼罩在这种情绪之中。

有一段打通宇宙的妙文在网上广为流传，读来令人生出无限感慨——

我皮囊不够好看，灵魂也不算有趣，我生于尘埃，溺于人海，关于我的一切都平淡得不像话。即便这样，我也是宇宙的孩子，和植物、星辰没什么两样。

哀伤、悲苦的情绪比较消极，写不好容易使文章失去活力。但是悲哀又特别能打动人，因为伤心的经历每个人都深有体会，写好了能调动读者自身的心理感受。所以，描写悲哀，最重要的是让文字具有共情能力，对读者有所触动，将作者和读者连接起来，彼此走入对方的心中。

史铁生在《奶奶的星星》一文中，这样怀念亲人——

地上死一个人，天上就又多了一个星星。

“怎么呢？”

“人死了，就变成一个星星。”

“干吗变成星星呀？”

“给走夜道儿的人照个亮儿……”

读完之后，大家再仰望星空的时候，是不是也会生出某种惆怅?

独自面对天地，内心的情绪会不断滋长。作者就是抓住这种感觉，把内心的悲哀定格在转瞬即逝的时空中。同学们在描写人物内心深藏的哀伤和痛苦的时候，记得引用这几句诗，强化人物的伤感情绪，从而触动读者的心灵，深深打动他们。

名句 山月不知心里事，水风空落眼前花。

出处 唐代温庭筠《梦江南·千万恨》。原文：“千万恨，恨极在天涯。山月不知心里事，水风空落眼前花，摇曳碧云斜。”

释义 心头之恨千般重，让人恨到极点的是你仍然远在天涯。山间明月不会明白我心中的哀愁，只见清风吹落水边的花瓣，远处的碧云随风飘荡。

梦江南：本为唐教坊曲名，后用作词牌名。原名“望江南”，又名“忆江南”等。

恨：离恨。

天涯：天边，指思念的人在遥远的地方。

摇曳：摇荡、动荡。

背景 温庭筠，原名岐，字飞卿，唐代诗人、词人。其诗辞藻华丽，与李商隐齐名，时称“温李”。其词更是刻意求精，注重文采和声情，被尊为“花间派”之鼻祖，与韦庄齐名，并称“温韦”。

温庭筠有两首《梦江南》小令，《草堂诗余别集》在此调下有题“闺怨”，可见此词是为闺中女子代言之作。

写作应用

这首词以意境取胜，通过描写妇人在月光下顾影自怜的情景，表现了其内心的悲戚和哀伤。词人先正面写妇人有“千万恨”，接着侧面写遥望山间明月，空有落花流水，心中的恨无人问津。山月、落花是妇人内心凄苦的意象表达，烘托出她此时哀伤的心情。

烘托是指为了使写作对象鲜明突出，从侧面进行渲染的写作手法。描写人物，主要采用两种烘托方法。一是以人烘托人。如苏轼《念奴娇·赤壁怀古》：“遥想公瑾当年，小乔初嫁了，雄姿英发。羽扇纶巾，谈笑间，樯橹灰飞烟灭。”用“小乔”烘托周瑜才华横溢、意气风发。二是以物烘托人。如《诗经·秦风·蒹葭》：“蒹葭苍苍，白露为霜。所谓伊人，在水一方。”用芦苇、霜露渲染凄凉的气氛，烘托出诗人清冷、寂寞的心境。温庭筠采用的即是这种方法。

古人吟咏悲苦的诗词有很多，用自然意象进行烘托的更是比比皆是。其中，落花、流水经常用来形容人的哀伤之情。除此之外，芳草也用来喻义离恨，如乐府诗《饮马长城窟行》：“青青河边草，绵绵思远道。”月亮也易引发离愁别绪，如李白《静夜思》：“举头望明月，低头思故乡。”芭蕉常与忧愁相联系，如葛胜仲《点绛唇·县斋愁坐作》：“闲愁几许，梦逐芭蕉雨。”梧桐也会激发人心底的悲凉，如李清照《声声慢·寻寻觅觅》：“梧桐更兼细雨，到黄昏、点点滴滴。”古人通过这些意象来烘托人物的内心世界。我们可以借鉴这种写作技巧，以物托人，描绘出笔下人物哀伤、悲苦的心情。当然，直接引用温庭筠这两句词，也能达到很好的表达效果。

名句 **问君能有几多愁？恰似一江春水向东流。**

出处 南唐李煜《虞美人·春花秋月何时了》。原文："春花秋月何时了？往事知多少。小楼昨夜又东风，故国不堪回首月明中。雕栏玉砌应犹在，只是朱颜改。问君能有几多愁？恰似一江春水向东流。"

释义 季节更替，美好的时光什么时候结束？前尘往事我还能记得多少。昨夜，小楼春风又起，皓月当空，忆起故国令我心生哀伤，不忍回首。昔日繁华的宫殿应该还是老样子吧，只是怀念它的人已经衰老。要问我心中有多少哀愁，就像那滚滚东流的江水没有尽头。

虞美人：词牌名。

春花秋月：指季节的更替。

了：了结，完结。

故国：指南唐故都金陵（今南京）。

雕栏玉砌：雕花的栏杆和玉石砌成的台阶，这里泛指南唐宫殿。栏，一作"阑"。砌，台阶。

应犹：一作"依然"。

朱颜改：指所怀念的人已经衰老。

君：作者自称。

几多：多少。

背景 《虞美人》是李煜的代表作，也是他的绝命词，作于宋太宗太平兴国三年（978 年）他被毒死之前。宋太祖开宝八年（975 年），宋军攻破南唐都城金陵，李煜奉表投降，南唐灭亡。三年后，即太平兴国三年，徐铉奉宋太宗之命探视李煜，李煜对徐铉叹曰："当初我错杀潘佑、李平，悔之不已！"在这种心境下，李煜写下了这首《虞美人》。相传他于自己生日（七月七日）之夜，在寓所命歌妓演唱这首新作。宋太宗听说此事勃然大怒，命人将他毒死。这首词通过今昔对比，表现了一个亡国之君的无尽哀怨。

写作应用

这两句词是用流水来比喻哀愁的千古绝唱。作者先用发人深思的设问，点明所喻的本体——心中之"愁"，接着用生动的喻体——奔流的江水作答。用满江的春水比喻满腹的哀愁，极为贴切、形象，不仅表达了哀愁的深远、悠长，还显示出情绪的力度和深度。

除了比喻用得好，作者对设问的运用也特别出彩。

设问是一种常见的修辞手法，指作者故意先提出问题，然后自问自答。这样的手法，常用于表示强调。例如有一首儿歌叫《春天在哪里》，歌中唱道："春天在哪里呀，春天在哪里？春天在那青翠的山林里，这里有红花呀，这里有绿草，还有那会唱歌的小黄鹂。"这就是很好的设问手法。

正确运用设问，能引人注意，启发思考，还可以更好地描写人物的思想活动，使文章起波澜，有变化。如朱熹在《观书有感》中写道："问渠那得清如许？为有源头活水来。"要问那方塘的水为何会这样清澈呢？是因为有那永不枯竭的源头，为它源源不断地输送活水啊。

同学们在写作文时，为了强调某些内容，也可以使用设问这种手法。比如，我们描写春天，可以这样设问："春天在哪里？春天就在操场上，就在教室里。"描写母爱，可以这样设问："母爱是什么？母爱就是那滋润万物的细雨。"

惧

名句 **暮年心胆怯，临履极兢兢。**

出处 南宋刘克庄《岁除前一日》。原文："暮年心胆怯，临履极兢兢。已被梅花恼，时为爆竹惊。"

释义 到了晚年我变得胆小怕事，去任何地方察核都小心谨慎。已经为外出赏梅感到烦恼了，还不时被爆竹的响声惊吓。

岁除：年终那一天，除夕。

胆怯：胆小害怕。

临履：实地察核。

兢兢：小心谨慎的样子。

背景 刘克庄，初名灼，字潜夫，号后村居士，南宋豪放派词人、诗论家。他自幼酷爱读书，精通历代诗词，背诵万余字，作文不起草稿，提笔即写就是好文章。词受辛弃疾影响，多豪放之作，晚年致力于辞赋创作，提出了许多革新理论。刘克庄还是最早的《千家诗》的编选者。《岁除前一日》是他创作的一首五言绝句。

写作应用

这首诗虽然写作者暮年因体弱而感到恐惧，但是胆怯中却夹杂着迎接节日的愉悦之情。所以说，这种胆怯是内心感触的自然流露，并不是不寒而栗的恐惧，表现出来的情态也只是“临履极兢兢”而已。不过，这五个字把作者担忧、胆小的心理状态表现得非常到位。我们在形容人物忧惧的时候，可以引用这两句诗。比如——

我的同桌特别谨小慎微，做选择题的时候，总是过度检查，担心看错题、算错数，常常因此延误了考试时间。他虽然年纪轻轻的，却给人“暮年心胆怯，临履极兢兢”的感觉。

担忧会让人做出很多不同于往常的反应，但是根据引发忧惧的情形，会出现不同程度的反应。作者只是因为年纪大，对身体不够自信，不敢在节日期间外出游玩，这个反应就是适度的。如果说因年纪大而茶饭不思、夜不能寐，这就有点反应过度了。写人要把握住一条基本准则——不能过分夸大人物的情绪反应，否则会让读者觉得不可信，也不能正确表现人物的性格特征。

名句 **垂死病中惊坐起，暗风吹雨入寒窗。**

出处 唐代元稹《闻乐天授江州司马》。原文："残灯无焰影幢幢，此夕闻君谪九江。垂死病中惊坐起，暗风吹雨入寒窗。"

释义 火苗快要熄灭，屋内灯影摇曳。在这样的夜晚，我忽然听说你被贬到九江。病危之际，我仍然震惊得从床上坐起来，此时暗夜的风雨吹进窗户，让人感到格外寒冷。

授：授职，任命。

江州：即九江郡，治所在今江西省九江市。

司马：官名。唐代以司马为州刺史的辅佐之官，协助处理州务。

残灯：快要熄灭的灯。

焰：火苗。

幢（chuáng）幢：灯影昏暗摇曳之状。

夕：夜。

谪（zhé）：古代官吏因罪被降职或流放。

垂死：病危。

背景 元稹，字微之，别字威明，唐代著名诗人、文学家，以诗成就最大。早年和白居易共同提倡“新乐府”，世人常把他和白居易并称“元白”。

元和五年（810年），元稹因弹劾和惩治不法官吏，同宦官刘士元起冲突，被贬为江陵士曹参军，后来又改授通州司马。元和十年（815年），白居易上书，请求逮捕刺杀宰相武元衡的凶手，结果得罪权贵，被贬为江州司马。元稹在通州听到白居易被贬的消息，感同身受，震惊、痛惜之下写下此诗。

写作应用

“垂死病中惊坐起”实乃传神之笔。“垂死病中”，要“坐起”肯定很困难。然而，作者却惊得“坐起”了，表明“元白”二人休戚相关，友谊深厚。按照一般的写作顺序，作者之后应该实写“惊”后的具体表现，比如脸色苍白、后背发冷、浑身打战，然而作者却来了个写景的诗句“暗风吹雨入寒窗”，通过阴冷的景物描写，间接表现惊惧引发的寒意，使情绪深藏不露、含蓄不尽，给人留下深刻的印象。

间接描写指通过刻画其他人物或者周围环境，来表现写作对象的特质。主要分为两种情况：一种是从其他人物切入，即借助与描写对象相关人物的言语、行为、外貌、神态、心理等，反映描写对象的特质；一种是从周围环境切入，即借助描写对象身处的环境，如社会状况、环境气氛、场所摆设等，烘托出描写对象的特质。元稹就是从环境切入，把自己的震惊和对友人的担忧写得入木三分。

鲁迅在《社戏》中，通过环境描写表现了自己的内心感受。鲁迅和小伙伴们一起乘船去看社戏，他没有直接描写自己此刻激动而忐忑的心情，而是写了一段河边的景物——

两岸的豆麦和河底的水草所发散出来的清香，夹杂在水气中扑面的吹来；月色便朦胧在这水气里。淡黑的起伏的连山，仿佛是踊跃的铁的兽脊似的，都远远的向船尾跑去了，但我却还以为船慢。他们换了四回手，渐望见依稀的赵庄，而且似乎听到歌吹了，还有几点火，料想便是戏台，但或者也许是渔火。

用人物切入的经典例子，可以参考《红楼梦》中王熙凤的出场——

一语未了，只听后院中有人笑声，说："我来迟了，不曾迎接远客。"黛玉纳罕道："这些人个个皆敛声屏气，恭肃严整如此，这来者系谁，这样放诞无礼？"

王熙凤是"人未到，语先闻"。作者通过林黛玉的心理描写，间接反映出王熙凤泼辣的性格特点。在描写人物时，我们可以借鉴这种手法，通过别人的评价来表现其性格特点。比如——

小林坐在教室最后一排，常常独来独往，寡言少语。我觉得他有些清高，不太招人喜欢。可是，接触过的人都夸奖他，说他不仅成绩好还多才多艺。他心灵手巧，把自己制作的礼物送给同学。还听说，在好朋友的生日聚会上，他曾一展歌喉，唱过好听的英文歌曲。

通过同学们的评价，突出小林的多才多艺。这样的写法，我们要熟练掌握，并灵活运用在作文中。

名句 近乡情更怯，不敢问来人。

出处 唐代宋之问《渡汉江》。原文：“岭外音书断，经冬复历春。近乡情更怯，不敢问来人。”

释义 我在岭南与亲人音信断绝，冬天熬过去了，又来到春天。我返回故乡，离家越近心中越胆怯，不敢向同乡打听家乡情况。

汉江：汉水，长江最大的支流，源出陕西，经湖北流入长江。

岭外：五岭以南的广东省地区，通常称岭南。唐代为罪臣的流放地。

书：信。

来人：渡汉江时遇到从家乡来的人。

背景 宋之问，字延清，名少连，初唐时期的诗人，与沈佺期并称“沈宋”，仙宗十友之一。他是律诗的奠基人之一，在创作实践中使五言律诗的体制更臻完善，并创造了七言律诗的新体。

宋之问因媚附武则天的宠臣张易之而获罪。唐中宗复位后，于神龙元年（705 年）春将其贬为泷州（今广东罗定市）参军。《渡汉江》是他从泷州贬所逃归，途经汉江（指襄阳附近的一段汉水）时写的一首诗。

写作应用

诗人贬居岭外，长期没有收到家人的音讯，不禁日夜思念家人，又时刻担心他们受牵累遭遇不幸。所以他归乡时内心充满不安、畏怯，离家越近，心中的恐惧越重。在路上遇见来自故乡的人，虽迫切想知道故乡情形，却踌躇不敢询问。引文中这两句诗把诗人内心的忧惧之情写得逼真、传神。

同学们对特别在乎的人会不会有这种感觉呢？想知道对方的情况，但又小心翼翼地不敢询问，只能私下里为对方担忧。比如——

妈妈近日忧心忡忡，因为跟姥爷通话的时候，听到他声音虚弱，总是气喘。一到周末，她就火急火燎地带着我往老家赶。“近乡情更怯，不敢问来人。”在疾驰的列车上，妈妈神色慌张，整个人透着不安与焦虑。

爱

名句 **衣带渐宽终不悔，为伊消得人憔悴。**

出处 北宋柳永《蝶恋花·伫倚危楼风细细》。原文：“伫倚危楼风细细，望极春愁，黯黯生天际。草色烟光残照里，无言谁会凭阑意。拟把疏狂图一醉，对酒当歌，强乐还无味。衣带渐宽终不悔，为伊消得人憔悴。”

释义 我伫立在高楼上，迎面吹来细细的春风，极目远望，心中涌起弥漫天际的愁思。夕阳斜照，草色如烟，我默默倚着栏杆，心中愁苦谁人知。本想尽情放纵，一醉方休，举杯高歌时，又感到强颜欢笑、索然无味。我日渐消瘦也不懊悔，宁愿为她一身憔悴。

蝶恋花：词牌名。

危楼：高楼。

黯（àn）黯：心情沮丧忧愁。

拟把：打算。

疏狂：粗疏狂放，不合时宜。

对酒当歌：语出曹操《短歌行》：对酒当歌，人生几何。当，与“对”意同。

强（qiǎng）乐：强颜欢笑。强，勉强。

衣带渐宽：指人逐渐消瘦。语本《古诗十九首》：“相去日已远，衣带日已缓。”

背景 《蝶恋花》是一首怀人之作，当时柳永漂泊异乡，因怀念意中人而作此词。在词中，他把漂泊异乡的落魄同怀念意中人的情思结合在一起，采用“曲径通幽”的表现方式，刻画了一个深情男子的形象。其中“衣带渐宽终不悔，为伊消得人憔悴”，是为后人传诵的千古名句。

写作应用

“衣带渐宽”采用的是借代手法，以结果代原因，用衣服肥大代指人变得消瘦，将人的消瘦表现得更加突出。白居易《长恨歌》诗云：“汉皇重色思倾国，御宇多年求不得。”其中“倾国”一词，也是以结果代原因。因为佳人美得倾国倾城，所以用“倾国”代指美女。这样借代，既引发了读者对美女的无限想象，还含蓄、深沉地批评了君王好色误国的严重后果。

词人接着道出“衣带渐宽”的原因，“为伊消得人憔悴”，喜爱一个人而茶饭不思，可见其对意中人的一片痴情。这两句词语言直白，情感浓烈，态度决绝。后世文人、学者为之深深打动，并将其引申为对学问执着的热爱和坚毅的态度。

王国维在《人间词话》里说：“古今之成大事业、大学问者，必经过此三种之境界：‘昨夜西风凋碧树，独上高楼，望尽天涯路’，此第一境也。‘衣带渐宽终不悔，为伊消得人憔悴’，此第二境也。‘众里寻他千百度，蓦然回首，那人却在灯火阑珊处’，此第三境也。此等语皆非大词人不能道。”王国维借用柳永的词，说明成大事业、做大学问的人必须具备锲而不舍的精神，这是将词的原意拓展开去的用法。我们在引用这些词时，也可以将其应用到更宽广的领域。例如，当我们热爱一项文体活动或者钻研一门新课程时，是不是有“衣带渐宽终不悔，为伊消得人憔悴”这种辛苦求索的经历呢？

名句 **羁鸟恋旧林，池鱼思故渊。**

出处 东晋陶渊明《归园田居》（其一）。原文：“少无适俗韵，性本爱丘山。误落尘网中，一去三十年。羁鸟恋旧林，池鱼思故渊。开荒南野际，守拙归园田。”

释义 年轻时就不适应世俗，我天性就喜爱山林。错误地活在尘俗的束缚中，转眼间已过去十多年。笼中之鸟怀念往日的森林，池内之鱼思念原来的深潭。我愿到南边的原野开荒，固守本性回家种田。

适俗：适应世俗。

韵：气质、情致。一作“愿”。

丘山：山林。

尘网：世俗的种种束缚。

三十年：有人认为是“十三年”之误（陶渊明做官十三年）。一说，此处是三又十年之意（习惯说法是十又三年），诗人意感“一去十三年”音调嫌平，故将十三年改为倒文。

羁（jī）鸟：笼中之鸟。

池鱼：池塘之鱼。

南野：南面的田野。一作“南亩”，指农田。

守拙（zhuō）：意思是不随波逐流，固守节操。

背景 陶渊明任官 13 年，却一直厌恶官场，向往田园生活。东晋安帝义熙元年（405 年），陶渊明在江西彭泽做县令，不过 80 多天，便声称不愿“为五斗米向乡里小儿折腰”，于是挂印回家终老田园。他作《归园田居》诗一组，共五首（一说六首），描绘田园风光的美好，抒发归隐后愉悦的心情。引文出自第一首，真切地表达了诗人对官场的厌恶和对隐居生活的无限向往。

写作应用

“羁鸟”“池鱼”都是失去自由的动物，作者借此自喻，表明自己思恋美好的大自然，渴望回归田园生活。用鸟恋旧林、鱼思故渊，借喻作者怀恋旧居。借喻是直接把本体说成喻体，因只有喻体出现，故能产生更含蓄的表达效果。岑参在《白雪歌送武判官归京》中写道：“北风卷地白草折，胡天八月即飞雪。忽如一夜春风来，千树万树梨花开。”用梨花盛开借喻树上挂满了白雪。高尔基在《海燕》一文中，用翡翠借喻海浪：“狂风紧紧抱着一层层巨浪，恶狠狠地将它们甩到悬崖上，把这些大块的翡翠摔成尘雾和碎末。”

借喻可使语言更简洁，“羁鸟恋旧林，池鱼思故渊”，短短十个字就传达出作者热爱自由的人生态度。比如强调人们热爱某种事物或向往某种生活状态，都可以借用这两句诗。

此外，这两句诗连用两个比喻，采用对仗句式，更加清新、优美。对仗指按照字音的平仄和字义的虚实做成对偶句，多用于律诗、骈文，可以提高语言的韵律和感染力。比如杜甫的名句“感时花溅泪，恨别鸟惊心”，“感时”与“恨别”平仄相对，“花”与“鸟”平仄相对，“溅泪”与“惊心”平仄相对。

对仗一般在韵文创作时用得多，在白话文中用得较少，但是对偶却应用广泛。可以说凡是用字数相等、句法相似的两句，成双作对排列的，都叫作对偶。比如：春花对秋叶，朝日对夕阳。

对仗和对偶最重要的区别在于平仄是否相对。如《诸葛亮传》中“善无微而不赏，恶无纤而不贬”，就是对偶用法，因为这两句话中出现的无、而、不等字，不符合平仄相对的要求。

我们在写作文时，可以灵活运用对偶的修辞手法。刘勰在《文心雕龙》里讲过，文章不仅要有文采之美，还需注重声律、音韵的和谐，这样读起来才会朗朗上口。

采用对偶的手法，可以使语言更具韵味，比如："没有比脚更长的路，没有比人更高的山。""万河之水始于源，参天之木立于根。""船的力量在帆上，人的力量在心上。"

恶

名句 **人情已厌南中苦，鸿雁那从北地来？**

出处 唐代王勃《蜀中九日》。原文：“九月九日望乡台，他席他乡送客杯。人情已厌南中苦，鸿雁那从北地来？”

释义 重阳节我登上望乡台眺望家乡，之后又设宴为客人送行。心中已经厌倦了客居南方的愁苦，鸿雁又为何从北方飞来，给我平添忧愁？

九月九日：指重阳节。

望乡台：古代出征或流落在外乡的人，往往登高或登土台眺望家乡，这种台称为望乡台。

他席：别人的酒席，这里指为友人送行的酒席。

他乡：异乡。

南中：南方，这里指四川一带。

那：为何。

背景 王勃一生经历坎坷，经常离家为宦，四处漫游，因此怀乡送别诗是其诗作中最常见的题材。咸亨元年（670 年）重阳节，客居西蜀的王勃与友人一起登玄武山遥望故乡。时逢重阳佳节，又是为客人送行，勾起了他浓郁的乡愁，于是创作了这首诗。

写作应用

北雁南飞本是自然现象，而诗人偏将自己的嫌恶怪罪于鸿雁——我想北归不得，你为何非要从北方飞来增加我的愁绪？这一问虽然毫无道理，却将思乡之情推向高潮。从反面提问，答案就在问题中，这种运用疑问来表示肯定或否定的修辞手法叫作反问，也叫激问、反诘、诘问。运用反问，可以起到加强语气和发人深思的作用。

曹植作《七步诗》：“本是同根生，相煎何太急？”将同根而生的萁和豆比喻兄弟手足，用反问句控诉哥哥曹丕对自己的迫害。高适《别董大二首》（其二）：“莫愁前路无知己，天下谁人不识君？”诗人通过反问劝慰唐代著名的音乐家董庭兰（即董大）：不要担心前方没有知己，普天之下还有谁不知道您呢？以此赠别，激励心志。还有一种边问边答的反问，如文天祥的《过零丁洋》：“人生自古谁无死？留取丹心照汗青。”自古以来谁能够长生不死？我要留一片爱国的丹心映照史册。

人在感到厌烦的时候，常常迁怒于人，把负面情绪转嫁到他人身上。王勃因为思乡，连北方飞来的鸿雁都讨厌。所以，这两句诗特别适合表达身处异地时，心中充满无尽的怀乡之情。前人在评价这两句诗时说：“读之，初似常语，久而自知其妙。”前面强调过，描写情绪要掌握合理的尺度，过分夸大会让表达失真，使读者感到莫名其妙。王勃的这两句诗匠心独具，借鸿雁这一事物来增强浓郁的情感，让人读后不仅不感到突兀，还会为他的思乡之情所动容。

名句 **东风不为吹愁去，春日偏能惹恨长。**

出处 唐代贾至《春思二首》（其一）。原文：“草色青青柳色黄，桃花历乱李花香。东风不为吹愁去，春日偏能惹恨长。”

释义 青草郁郁葱葱，柳树发出新芽，桃花开得烂漫，李花香气扑鼻。可春风偏偏不肯吹走我的愁恨，反而让它们一直滋长。

背景 贾至，字幼麟，唐代文学家，以文著称。其父贾曾和他都曾为朝廷掌执文笔，唐玄宗的受命册文为贾曾所撰，而传位册文则是贾至的手笔。唐玄宗赞叹："两朝盛典出卿家父子手，可谓继美。"贾至曾在肃宗朝被贬为岳州司马，《春思二首》大概是他在贬谪期间所作，诗中表达的愁恨应是因处境变化而生的流人之愁、逐客之恨。

写作应用

诗人把愁恨责怪到与其毫不相干的东风、春日头上，既怪东风不把愁吹去，又怪春日把恨拉长。这种表现手法，和王勃的"人情已厌南中苦，鸿雁那从北地来"十分相似，都是没来由地怪罪自然现象，但是让人读来并不觉得违和，反而感到十分动人。为什么呢？

因为诗歌是用来抒发感情的，目的是打动读者，而不是讲一堆道理。为了增强情感表达，一些不合常理的描写，只要读者能心领神会，反而能起到意想不到的效果。

贾至这两句诗，用来形容无来由的负面情绪非常契合。我们可以在作文中恰当地引用，突显人内心挥之不去的厌恶和苦闷。

名句 **欲见回肠，断尽金炉小篆香。**

出处 北宋秦观《减字木兰花·天涯旧恨》。原文：“天涯旧恨，独自凄凉人不问。欲见回肠，断尽金炉小篆香。黛蛾长敛，任是东风吹不展。困倚危楼，过尽飞鸿字字愁。”

释义 远隔天涯旧恨绵绵，我孤独凄凉无人问询。想知道我如何愁肠百结，就看金炉中寸寸断尽的篆香吧。长眉紧锁，春风也吹不舒展。我困倦地倚靠在高楼上，仰望高飞的大雁，心里写满了愁思。

减字木兰花：词牌名。此调将《偷声木兰花》上下阕起句各减三字，故名。

篆（zhuàn）香：比喻盘香和缭绕的香烟。

黛蛾：指眉毛。

背景 秦观，字少游，一字太虚，号淮海居士。北宋婉约派词人，被尊为婉约派一代词宗。文辞为苏轼所赏识，与黄庭坚、晁补之、张耒（lěi）合称“苏门四学士”。秦观一生坎坷，所写诗词，高古沉重，寄托身世，感人至深。

写作应用

作者先概述女子的状况——处境凄凉，无人问津，再写她内心的痛苦，像寸寸断尽的篆香，接着写她的表情——愁眉紧锁，最后点明愁恨的原因——始终盼不来远方之人的书信。由处境、情感、神态，再到内心深处的纠结，层层推进，一个内心充满愁恨的女子跃然纸上。由此可知，要把一个人写得全面、立体，需要从多个角度切入，通过组合描写才能完成。

描写人物主要有五种方法：肖像描写、语言描写、动作描写、心理描写和细节描写。并非每个人物的描写都要用上这五种方法，但要抓住最能突出人物形象的地方来详细描写。所以，细节描写非常重要，它能细腻地展示人物的性格特征，使人物形象更加丰满，有助于读者更好地理解其内心世界。原文中作者就是通过双眉不展、愁肠百结、仰望飞鸿等细节，将女子的愁恨传达给读者的。

进行细节描写时，最好运用某些修辞手法，让细节更生动形象。如“欲见回肠，断尽金炉小篆香”一句，用形状回环如篆的盘香来形容人的回肠百转，真是绝佳的比喻。我们在描写人物内心的痛或恨时，可以直接引用。比如——

豆豆是个书迷，对文学名著爱不释手，久而久之，常和书中的人物产生共鸣，生出惺惺相惜之感。她特别喜欢《红楼梦》里的林黛玉，念念不忘黛玉葬花的凄美身影。一想到她已香消玉殒，更是“欲见回肠，断尽金炉小篆香”，心痛不已。

欲

名句 **高飞之鸟，死于美食；**
深泉之鱼，死于芳饵。

出处 东汉赵晔《吴越春秋·勾践阴谋外传》。原文：“臣闻‘高飞之鸟，死于美食；深泉之鱼，死于芳饵’。今欲伐吴，必前求其所好，参其所愿，然后能得其实。”

释义 臣听说“在高空飞行的鸟，因贪吃地面的食物而毙命；深泉中的鱼，因吞食水面的香饵而丧生”。想要攻打吴国，一定得先找到吴王喜好和贪迷的东西，投其所好地献给他，然后才能取得胜利。

芳饵：诱鱼上钩的美食。

伐：攻打。

背景 《吴越春秋》是记述春秋时期吴、越两国史事为主的史书，存世 10 卷。前 5 卷载吴国之事，上自吴太伯，下迄夫差；后 5 卷载越国之事，上自无余，下迄勾践。

吴王夫差灭了越国，越王勾践想要复国。大夫文种让勾践投夫差所好，使其沉迷在嗜欲之中慢慢堕落。之后，越国献上美女西施，用美人计麻痹夫差，夫差逐渐堕落，吴国开始放松警惕。勾践趁机灭掉吴国，恢复了越国。原文就是文种向勾践阐释的关于投其所好以达到目的的道理。

写作应用

飞鸟和泉鱼都死于贪吃，那人呢？一定也会被贪欲所摧毁。“高飞之鸟，死于美食；深泉之鱼，死于芳饵”，这句话后来演变成谚语，比喻不计后果的贪欲必无好结果。关于贪欲的危害，这两个类比既形象又深刻。描写贪欲的危害时，直接引用非常具有说服力。比如——

“高飞之鸟，死于美食；深泉之鱼，死于芳饵。”自古以来，被贪婪毁灭的人数不胜数。一些贪官的落马，与势利小人投其所好有极大的关系。他们深陷贪欲不能自拔，最后身败名裂。这警示我们切不可陷入贪欲。

类比的逻辑推理能引起读者丰富的想象和强烈的共鸣，进而更形象地说明道理。《孟子·告子上》写道："鱼，我所欲也；熊掌，亦我所欲也。二者不可得兼，舍鱼而取熊掌者也。生，亦我所欲也；义，亦我所欲也。二者不可得兼，舍生而取义者也。"鱼是我所喜爱的，熊掌也是我所喜爱的，如果这两种东西不能兼得，那么我就只好放弃鱼而选取熊掌了。生命是我所喜爱的，道义也是我所喜爱的，如果二者不可兼得，我就只好牺牲生命而选取道义了。孟子用鱼和熊掌不可兼得，类比生命和道义不能兼得时，要舍生取义的道理。因为相比于生命，道义在孟子眼中是更珍贵的品德，就像熊掌比鱼珍贵一样。孟子关于生命和道义的类比与文种对贪欲的解析，有异曲同工之妙。

名句 **不觉寒暑之切肌，利欲之感情。**

出处 魏晋刘伶《酒德颂》。原文："兀然而醉，豁尔而醒；静听不闻雷霆之声，熟视不睹泰山之形，不觉寒暑之切肌，利欲之感情。”

释义 他醉得毫无知觉，很久才醒酒。他静心听却听不到雷霆之声，用心看竟然看不清泰山那样的大山，他感觉不到寒暑冷热的变化，面对利害、欲望也不会动心。

兀然：无知觉的样子。

豁尔：此处指酒醒时深邃、空虚的样子。

切：接触。

感情：感于情，因所感而情动。

背景 刘伶，字伯伦，魏晋时期名士，与阮籍、嵇康、山涛、向秀、王戎和阮咸并称为“竹林七贤”。刘伶嗜酒，被称为“醉侯”，好老庄之学，追求自由逍遥、无为而治。

刘伶存世的作品只有骈文《酒德颂》和五言古诗《北芒客舍》。《酒德颂》讲述了一位“大人先生”放荡不羁、自由自在的生活方式，生动地反映了魏晋名士崇尚玄虚的心态，也表现出作者对礼法的蔑视以及对自然的向往。

写作应用

作者笔下的“大人先生”醉得毫无知觉，听觉、视觉、触觉都不受外物干扰——“不闻”“不睹”“不觉”，到最后，内心也不再为利欲所动。作者写听觉、视觉、触觉是一种陪衬，目的是衬托出“大人先生”淡泊宁静的高贵品格。我们要刻画一个人在欲望面前不为所动、内心坚定时，可以引用这句话来增强表达效果。

衬托，指为了突出主要事物，用类似的事物或反面的、有差别的事物作陪衬的表现手法。衬托又有正衬和反衬之分。

正衬，是利用与主要形象类似的次要形象，从正面衬托主要形象。例如李白的《赠汪伦》：“桃花潭水深千尺，不及汪伦送我情。”桃花潭水的深度就是汪伦与李白感情深度的衬托。白居易的《长恨歌》中，“后宫佳丽三千人，三千宠爱在一身”“回眸一笑百媚生，六宫粉黛无颜色”，用宫中所有的美女来衬托杨贵妃的美丽。

反衬，是指利用与主要形象相反、相异的次要形象，从反面衬托主要形象。例如王籍的《入若耶溪》：“蝉噪林逾静，鸟鸣山更幽。”蝉鸣越噪，就显得林子越寂静；鸟鸣愈脆，就显得山间越幽冷。谢朓的《暂使下都夜发新林至京邑赠西府同僚》：“风云有鸟路，江汉限无梁。”以小鸟能自由飞翔，反衬自己欲渡江汉却无桥梁。

知识贴士

词牌

词牌是词的一种制式曲调的名称，有固定的格式与声律，决定着词的节奏与音律。

词最初是伴曲而唱的，曲子中旋律和节奏的总和就是词调。词与调之间，或按词制调，或依调填词，曲调即是词牌。词牌名通常是根据内容而定的。

从北宋开始，词人在词牌之外，往往另加题名或序言以说明词意。经过不断发展变化，当词完全脱离曲之后，词牌作为文字、音韵结构的一种定式，通常也决定了词的平仄。例如《卜算子·咏梅》这首词，“卜算子”是词牌，“咏梅”是词的标题。

词牌的数目，大约有 870 个（包括少数金、元词调），比较常用的词牌约 100 个。关于词牌的来源，有下面三种情况：

第一，词牌是乐曲的名称，由乐曲名而来。例如“菩萨蛮”，唐代大中初年，女蛮国进贡，她们梳着高髻，戴着金冠，满身璎珞（璎珞是身上佩挂的珠宝），造型看上去像菩萨，“菩萨蛮”因此得名。当时教坊谱成《菩萨蛮曲》。据说唐玄宗爱唱《菩萨蛮》词，可见当时风行一时。“西江月”“算子”“风入松”“蝶恋花”等，都属于这类来自民间的曲调。

第二，摘取一首词中的几个字作为词牌。例如，《忆秦娥》是依照这个格式写出的第一首词，开头两句是“箫声咽，秦娥梦断秦楼月”，所以词牌就叫“忆秦娥”，又叫“秦楼月”。《如梦令》原名《忆仙姿》，改为此名是因为后唐庄宗写的《忆仙姿》中有“如梦，如梦，残月落花烟重”等句。《念奴娇》又叫《大江东去》，这是因为苏轼有一首《念奴娇》，第一句是“大江东去”。

第三，词牌本来就是词的题目。《踏歌词》咏的是舞蹈，《舞马词》咏的是舞马，《渔歌子》咏的是打鱼，《抛球乐》咏的是抛绣球，《更漏子》咏的是夜。这种情况是最普遍的，凡是词牌下面注明“本意”的，既是词牌，也是词题，不用再另拟题目了。

范文

乐在其中

郑其实

快乐，是我们最熟悉的情感；快乐，也是我们最喜欢的情感。我们渴望快乐，可快乐是否容易获得呢？当然不会。古人讲“春风得意马蹄疾，一日看尽长安花”，金榜题名才能欣喜若狂，其余的平淡生活，何谈快乐与喜悦？可是，也有许多人，不管在什么地方，不管是否取得成就，都十分快乐，他们的脸上始终洋溢着灿烂的笑容。为什么会有这种差别？我想，这跟是否乐在其中有关。因为许多事情只有细细去品味，才能体会到其中的乐趣。

以我个人为例吧。我是一名普通的学生，没有巨额的财富，也没有很高的社会地位，即使心中有理想也远远没有实现。但是，我每天都过得很快乐。

我和其他同学一样，八点到校，四十分钟一堂课，一天要上六节课。一般人看来，这样的生活十分无聊，没有一点波澜。在像晴天的海面一样平静的日子中，我却感到十分快乐。快乐来源于哪里呢？我想，可能是来源于课间的时光吧。在同学们玩闹时，我从书包里拿出一本封面漂亮的课外书，在喧闹的环境中打开来阅读，一边吸取书中的知识，一边感受着从窗外射来的阳光的温暖。“读书之乐乐无穷，瑶琴一曲来薰风。”顺便再喝一口水，滋润一下饥渴的身体，静静地等待上课铃声的到来。

又或者来源于放学回家的路途上。看着太阳的光芒由黄变红，渐渐向西边沉去，心中升起“夕阳无限好，只是近黄昏”的感叹。听着微风从树叶间穿过，带起一阵“沙沙”的声音。感受着青草的芳香，微风吹过脸庞的清凉，“露浓花气清，悠然心独喜。”在鸟语花香中，体会到时间的流逝。大自然犹如一张巨大的滤网，将人的一切杂念过滤掉，这时，来自人类最古老的记忆——原始时期与大自然交流的记忆被唤醒，我感到身心融化于天地间，沉浸在那种最原始的快乐中。

古人说：“大隐隐于市。”快乐也是如此。人的欲望是无限的，如果天天去追求快乐，可能永远也无法得到满足。真正的快乐存在于生活的每一个小角落，只有你仔细去发掘，真正与生活融为一体，才能找到存在于内心深处的，你真正想要的，最适合自己的快乐。这就是乐在其中的含义：与生活融为一体，从生活中寻找快乐。

写作技法解析：

营造情感的锚点

聚焦：诺贝尔文学奖获得者、土耳其作家奥尔罕·帕慕克说过，写作就像拿一根针去挖一眼井，讲究的是深入挖掘，而不是泛泛而谈。在描写人物的内心世界时，更要遵从这个规律。人的内心情绪瞬息万变，要想深入地刻画情感，就必须聚焦在一点上发力，把其中最显著的特征表现出来。这篇范文的主题是乐在其中，就是让同学们表现内心充实、自然流露的快乐，而不是由外在奖赏或刺激引起的快乐。所以，要写出快乐是发自内心的，是怡然自得，而不是喜出望外。

内心的外化：内心情感的变化，如果没有外在的支撑，很难用文字表达出来。这也是描写情感的难点所在。我们看看范文是怎样把快乐传递给读者的。

首先，作者从生活实际出发，深入挖掘学习时光中的快乐，把课间时分、放学路上的快乐心情捕捉到了。

其次，作者将情感和自然景象链接在一起，给内心的情感找到了很好的外在锚点。人们常说，天气晴朗的时候心情特别好，阴天下雨的时候情绪也跟着低落，所以心情极易受到外界的影响。反之，我们内心的情感也会投射到外部世界。粗枝大叶的同学，不会在课间嬉戏时对阳光产生特殊的感觉。而作者专心致志，沐浴在知识的海洋中，就体会到了阳光的温暖。同理，漫步在放学路上，多数同学都急着赶路，细心的作者却观察到光线颜色的转换，以及微风的声音和青草的芳香。这些自然景象都是人物内心的情感锚点，是作者快乐情绪的外在体现。我们在进行心理描写时，也要营造这样的锚点，写出打动人心的文字。

另外，在借景抒情时，适当地引用古文，也能使文章增色不少。

扣题：写作文不能跑题，点题、扣题是必备技巧。范文中，作者开头点题，接着描写了很多生活片段，通过细节描写，表达出乐在其中的思想内涵。最后，文章又落脚在生活上，让大家学会从生活中寻找快乐，回扣主题，使文章首尾呼应。

核心能力

“三生万物”——形容的黄金法则

在写作中，形容非常重要。如果把写作比作做菜，那形容就是盐。不论你做什么菜，不放盐，肯定不好吃。写文章，如果里面没有形容，那也一定会平淡无味。

什么是形容？

形容就是对客观事物的描述，在写作中，特指使用比喻、类比、拟人等修辞手法写出生动的句子，让读者有如见其形、如闻其声的感觉。形容最常用的方法，就是用看得见、听得见的东西来形容读者尚未看见或听见的东西。

我们先举两个关于形容的经典案例，让大家体会一下什么是高超的形容手法。

宋代苏轼的《赤壁赋》中，有一段描写箫声的精彩片段——

客有吹洞箫者，倚歌而和之。其声呜呜然，如怨如慕，如泣如诉；余音袅袅，不绝如缕。舞幽壑之潜蛟，泣孤舟之嫠妇。

苏轼先写客人吹箫，发出“呜呜”的声音，接着开始形容箫声，说这声音如哀怨如思慕，像是哭泣，又像是倾诉，尾声凄切、婉转、悠长，仿佛扯不断的细丝。箫声能使深谷中的蛟龙为之起舞，能使孤舟上的寡妇听了落泪。一连串的比喻，把箫声写得余音绕梁，不绝于耳。

清代刘鹗在其代表作《老残游记》中，有一段对说书人的描写——

王小玉便启朱唇，发皓齿，唱了几句书儿。声音初不甚大，只觉入耳有说不出来的妙境：五脏六腑里，像熨斗熨过，无一处不伏贴；三万六千个毛孔，像吃了人参果，无一个毛孔不畅快。唱了十数句之后，渐渐的越唱越高，忽然拔了一个尖儿，像一线钢丝抛入天际，不禁暗暗叫绝。那知他于那极高的地方，尚能回环转折；几啭之后，又高一层，接连有三四叠，节节高起。恍如由傲来峰西面攀登泰山的景象：初看傲来峰削壁千仞，以为上与天通；及至翻到傲来峰顶，才见扇子崖更在傲来峰上；及至翻到扇子崖，又见南天门更在扇子崖上：愈翻愈险，愈险愈奇。

那王小玉唱到极高的三四叠后，陡然一落，又极力骋其千回百折的精神，如一条飞蛇在黄山三十六峰半中腰里盘旋穿插，顷刻之间，周匝数遍。从此以后，愈唱愈低，愈低愈细，那声音渐渐的就听不见了。满园子的人都屏气凝神，不敢少动。约有两三分钟之久，仿佛有一点声音从地底下发出。这一出之后，忽又扬起，像放那东洋烟火，一个弹子上天，随化作千百道五色火光，纵横散乱。这一声飞起，即有无限声音俱来并发。那弹弦子的亦全用轮指，忽大忽小，同他那声音相和相合，有如花坞春晓，好鸟乱鸣。耳朵忙不过来，不晓得听那一声的为是。正在撩乱之际，忽听霍然一声，人弦俱寂。这时台下叫好之声，轰然雷动。

将声音形容到这个程度，可见作者的写作功力。

形容的黄金法则

“一生二，二生三，三生万物”，形容的黄金法则就是掌握这个“三”。形容的本质是联想和想象，那最好的办法就是多联想、多想象，突破单一的形容，有了叠加，就会产生裂变的效果。

如果要形容的事物是 A，你只联想到 B 还不够，最好是在B的基础上往前推一步，再想到C。这样就产生神奇的效果。

比如形容一个人很胖，如果你说“他胖得像猪”，那这个比喻不但不会给人留下深刻的印象，还会让人感觉受到侮辱。怎么办呢？方法很简单：一个不够用，就用两个。“他胖得就像一条能吞下一头河马的蟒蛇”，大家看，这样形容是不是更具体、更生动了？

我们看看文学大师是如何形容胖子的。莎士比亚说：“他的身体像个浑圆的地球，我可以在他身上找出世界各国来。”莫泊桑说：“他的手指每一节的小骨和另一节的结合处都会箍成一个圈，好像一串短短的香肠。”

再看看大师们如何形容瘦。福楼拜说：“他灰色的皮肤垂在皮包骨头的四肢上，好像破布挂在干树枝上。”玛格丽特·米切尔说：“仿佛每一根小骨头都会戳穿她那雪白的皮肤。”莎士比亚说：“我身上的皮肤宽得像一件老太太的罩衫，我全身皱得像一颗枯瘦的熟苹果。”

通过上面的例子，我们可以总结出形容的窍门：要形容的事物＋有创意的联想（使用比喻、类比等手法）＋另一层形容＝裂变的神奇效果。也就是说，形容的连续叠加会造成文字上的丰富变化，从而产生裂变效果。同学们掌握了这个窍门，就可以写出出人意料的句子，把一个人或者某个事物形容得活灵活现。

联想的维度：具体和抽象

要用好形容，必须具备丰富的联想能力。而联想，是有思维路径的：当你描写一个抽象事物的时候，你要有意识地联想具体的事物；当你描写一个具体事物的时候，你也要想到抽象的事物。

比如形容一个人聪明，古人讲：学富五车。“学问”是抽象的，“五车”是具体的。我们可以这样说：“他的头脑像一个天然的喷泉，总有新鲜的创意喷出来。”

如何形容一个人笨？有人会说：“笨得像块木头。”“脑子进水了。”这些描述都很一般，也很粗鲁。我们看看大师是如何形容的。莎士比亚说：“他的聪明好像只有一颗芥末的种子那么大，要是他会思考，一根木棒也会思考。”托尔斯泰说：“没有智慧的脑袋，就好像没有蜡烛的灯笼。”那我们可以这样写：“他的脑袋好像一个没有灯丝的灯泡。”

1. 从具体到抽象进行联想

比如用花形容快乐。一般会这么说：“我的心里乐开了花。”用好联想就可以写出这样的句子：“我心中的快乐就像开满花的山谷。”

再用花形容忧伤。可以说："我的心像被雨水打落的花。""我的心像被卡车轧扁的花。"

2. 从抽象到具体进行联想

这种转化，我们可以通过赋予具体事物以人的情感来实现。比如，莎士比亚说："他高贵的心灵和卓越的理智，好比一串美妙的铃铛，能奏出非常动听的音乐。"乔伊斯说："不加思考的热情，就像一条随波逐流的船。"爱因斯坦说："人生就像骑脚踏车，想保持平衡，就得往前走。"

电影《阿甘正传》里有一句经典台词："生活就像一盒巧克力，你永远不知道下一颗是什么味道。"

阅读了上面这些例子，同学们是不是对联想有了新的领悟呢？

情感

此情落笔诚可忆

亲 情

名句 **臣无祖母，无以至今日；**
祖母无臣，无以终余年。

出处 西晋李密《陈情表》。原文：“但以刘日薄西山，气息奄奄，人命危浅，朝不虑夕。臣无祖母，无以至今日；祖母无臣，无以终余年。母、孙二人，更相为命，是以区区不能废远。”

释义 只是因为祖母刘氏寿命将终，气息微弱，生命垂危。我如果没有祖母，就无法取得今天的成就；祖母没有我的照料，也无法安度余生。我们祖孙二人相依为命，因此我只能顾念私情，不能远离祖母，停止奉养。

日薄西山：太阳接近西山，喻人的寿命即将终了。薄，迫近。

危浅：活不长，指生命垂危。危，微弱。浅，指不长。

更（gēng）相：交互。

是以：因此。

区区：拳拳。形容自己的私情。

废远：废止远离。

背景 《陈情表》是李密写给晋武帝的奏章，是中国文学史上抒情文的代表作之一。

李密，字令伯，一名虔，西晋文学家。父早亡，母改嫁，与祖母刘氏相依为命。李密原是蜀汉后主刘禅的郎官，魏元帝景元四年（263 年），司马昭灭蜀汉，李密成了亡国之臣。仕途已失，他便在家供养祖母刘氏。

泰始三年（267 年），晋武帝采取怀柔政策，征召李密为太子洗马。李密对晋武帝不了解，担心在新朝做官祸福难料。且作为亡国之臣，他深恐晋武帝怀疑自己忠于旧朝，招致杀身之祸。于是便以祖母年老多病为由，辞不赴命，并饱含血泪地呈上了这篇《陈情表》。李密在文中以孝亲之情为依据，并标举“圣朝以孝治天下”的旗号，反复诉说自己终养祖母的请求，化被动为主动。晋武帝最终答应了他的请求。

写作
应用

“臣无祖母，无以至今日；祖母无臣，无以终余年。”这句话意思简单，表述直白。虽然没有华丽的词语，却能一下子让我们共情。其中的奥妙在何处呢？答案很简单，就是交互性与多角度。

交互性，用简单的话说就是彼此有反应。当你用手去触碰蜗牛的触角时，蜗牛就会把触角缩回去；当热水洒到你身上时，你会猛地把手缩回去。要写好生物，最重要的就是写好它们的反应。写人更是如此。作者用自己没有祖母就没有今天，祖母没有自己就无法安度晚年，来表达彼此的交互影响，强调二人相依为命的祖孙情深。

很多时候，人们把精力放在修辞上，试图用精妙的比喻与华美的想象来描写情感，往往忽略了情感来源于一件件小事，来源于一个个反应。不在仔细描写人物行为的基础上使用修辞，就会使文章变得空洞，结果只能得到诸如“堆砌辞藻”“没有真情实感”等评价。

那么，怎样写出人物的行为反应呢？这就涉及这段话能打动人的关键——多角度。当我们描写他人的行为时，常常想的是“我看到了什么”。这种思考方式使我们忽略了许多细节。因此，我们要多站在他人的视角上观察，从不同的角度去思考。李密写《陈情表》，为的是打动皇帝，让其允许自己不出任官职。如果一味强调自己对祖母的孝亲之心、牵挂之情，很难让皇帝听到心里去。而他换个角度，多用笔墨去描写祖母的垂垂老矣和时日无多，使处在他人视角的皇帝也能感同身受，故而心生怜惜之情，最后应允他的请求。

名句 辛勤三十日，母瘦雏渐肥。

出处 唐代白居易《燕诗示刘叟》。原文：“梁上有双燕，翩翩雄与雌。衔泥两椽间，一巢生四儿。四儿日夜长，索食声孜孜。青虫不易捕，黄口无饱期。觜爪虽欲敝，心力不知疲。须臾十来往，犹恐巢中饥。辛勤三十日，母瘦雏渐肥。”

释义 梁上飞来一双燕子，一雄一雌翩翩飞舞。在椽条间衔泥垒窝，一窝生下四只乳燕。四只乳燕日夜成长，喳喳叫着不住求食。青虫不容易抓到，小燕似乎从来没吃饱饭。双燕嘴衔爪抓，用尽气力，不知疲倦。顷刻间往返十余回，生怕饿着窝里的小燕。辛辛苦苦忙了三十天，拖瘦了母燕喂养肥了小燕。

翩（piān）翩：鸟轻飞的样子。

椽（chuán）：装于屋顶用来支持顶盖材料的木杆。

孜（zī）：勤勉、努力不懈的样子。

黄口：小儿。

觜（zī）爪：指鸟类的嘴和爪。

敝（bì）：这里指疲惫、困乏、衰败。

须臾（yú）：顷刻，瞬间。

雏（chú）：幼小的鸟。

背景 这首诗作于唐宪宗元和六年（811年），是白居易写给一位孩子独走他乡的刘姓老汉的。题注："叟有爱子，背叟逃去，叟甚悲念之。叟少年时，亦尝如是。故作《燕诗》以谕之矣。"老人有个爱子远走高飞，因而老人十分悲伤。而老人年少时，也曾如此，所以作者写这首诗劝诫他。这首寓言诗借双燕的遭遇，讽劝不顾父母痛苦远走高飞的人。

写作应用

用动物来讲孝亲的道理，在古代俯拾皆是。《本草纲目·禽部》载："慈乌：此鸟初生，母哺六十日，长则反哺六十日。"大意是说，小乌鸦长大以后，老乌鸦不能飞了，无法自己寻找食物，小乌鸦会反过来找食物喂养它的母亲。经过代代口授心传，“乌鸦反哺”成为人们教导子女奉养父母常用的寓言故事。在这首诗中，作者描述燕子父母哺育小燕，与此有异曲同工之处。

寓言是用比喻性的故事来寄托意味深长的道理，给人以启示的文学体裁。“寓”是“寄托”的意思，即把作者的思想寄寓在一个故事里。寓言的类型有两种：一种是用夸大的手法，勾画出某类人的性格特点，如揠苗助长、刻舟求剑、掩耳盗铃；另一种是用拟人的手法，把动植物或某种事物人格化，使之具有人的思想感情，如狐假虎威、老马识途、黔驴技穷。

用寓言讲道理，字数不多，但言简意赅，处处透露着作者的智慧。诗人描写双燕筑巢、捉虫、育雏的过程，生动简洁，活泼传神，寓说理于形象之中，自然亲切。尤其是“辛勤三十日，母瘦雏渐肥”这两句诗，通过母瘦雏肥的对比，把养育的辛苦、父母的奉献展现得淋漓尽致。所以说，描写亲情类的题材，质朴、本真最为动人，过度的雕章琢句反而适得其反。就像李密写祖孙之情的例子，用最朴素的语言写出最动人的情感。

用寓言说理，读者易于接受。我们写作文时，也可以试着用讲寓言故事的方式表达亲情。比如，用“孟母三迁”的故事，强调父母对子女教育的重视；用“羔羊跪乳”的寓言，表达对母亲养育之恩的感激。当然，我们也可以直接引用“母瘦雏渐肥”这样的对比，突显父母的艰难和辛劳。

名句 **搴帷拜母河梁去，白发愁看泪眼枯。**

出处 清代黄景仁《别老母》。原文：“搴帷拜母河梁去，白发愁看泪眼枯。惨惨柴门风雪夜，此时有子不如无。”

释义 因为要离开家乡外出谋生，我掀起门帘依依不舍地与母亲告别。白发苍苍的母亲愁容满面，欲哭无泪。在这风雪之夜，不能孝敬母亲，还要远去，我不禁感叹：养子有何用呢？还不如没有啊。

搴（qiān）帷（wéi）：掀起门帘，出门。

河梁：桥，替代送别地。

枯（kū）：干涸。

惨惨：幽暗无光。

柴门：树枝编的门，代指贫苦人家。

背景 黄景仁，字汉镛，一字仲则，清代诗人。他少年时即负诗名，然而家庭贫困，长年客游四方。一生怀才不遇，寄人篱下，形成了多愁善感的气质。

清乾隆三十六年（1771年），黄景仁外出为官府办事，在一个风雪交加的夜晚，他拜别老母亲，写下这首诗来表达悲伤的心情。

写作应用

在辞别老母亲的时候，作者没有直接表达离别的痛苦，而是著笔于老母亲此时的情状：白发苍苍，凄切悲凉。一切伤心，都隐藏在老母亲的这张面孔之中。人们常说，一个微笑胜过千言万语。很多时候，表情、举止传达的情感力量远超过语言和文字。作者用老母亲的满脸愁容来表达分别之苦，这种此时无声胜有声的手法，值得我们借鉴。比如，我们描写某人听到一个可怕的消息，可以写他嘴巴张开，身体僵硬地站在那里。这样写，比直接写消息的内容还让人感到震惊。

我们还可以直接引用这两句诗，把思念之情表达得淋漓尽致，比如——

成年后，我与父母之间开启了周而复始的离别。在都市求学、工作、安家置业，每年只能抽出几天假期回乡团聚。渐渐地，父母老了，离别也变得难以割舍，“搴帷拜母河梁去，白发愁看泪眼枯”，不忍分别却又不得不离开，人生的无奈何时才能停止呢？

名句 梦魂不惮长安远，几度乘风问起居。

出处 清代宋凌云《忆父二首》（其一）。原文：“吴树燕云断尺书，迢迢两地恨何如？梦魂不惮长安远，几度乘风问起居。”

释义 吴地的树、燕山的云，隔断了音信。两地相隔万里，我的思念向谁诉说？只有在梦里，才不用担心长安路途遥远。我的魂魄好多次乘风去看您，问您生活是否安好。

尺书：指书信。

迢迢：遥远的样子。

不惮：不害怕。

几度：虚指，几次、好几次之意。

背景 宋凌云，字逸仙，清代李博之妻。《忆父》描述了作者与父亲相隔千里，书信中断的无奈境地，作者只能在梦里思念父亲、默默问候。

写作应用

作者远嫁他方，离开父母，不能承欢膝下，生怕有一天“子欲养而亲不待”，所以用梦来寄托自己对父亲的牵挂。古代音信隔断、交通不便，作者只有在梦中才能乘风万里，回到父亲身边服侍尽孝。梦境与现实形成巨大反差，表达了作者对父亲的思念之情。

如今通信和交通都异常便捷了，我们和父母是不是常常相聚呢？想想周围的亲朋好友，和父母分开的例子是不是比比皆是？古人囿于客观条件，我们如今可能是忙于学习、工作。所以，一份从容的亲情自古就来之不易。古人笔下的怀亲之作，放在如今也不会过时。要说不同，可能是现在电话、微信联系方便，我们不再将对父母的思念寄托于梦境了。其实，父母仍会出现在梦中，只是我们缺少那份体察罢了。同学们如果要描写对远方父母的思念，记得引用这两句诗，它们传达出的牵挂之情，超过千言万语。

友 情

名句 **相知无远近，万里尚为邻。**

出处 唐代张九龄《送韦城李少府》。原文：“送客南昌尉，离亭西候春。野花看欲尽，林鸟听犹新。别酒青门路，归轩白马津。相知无远近，万里尚为邻。”

释义 我去送别友人南昌县尉，在路边驿亭拜别时正值春天。欣赏完美丽的野花，又听到林中清脆的鸟鸣。出了城门饮酒告别，我驾着车马返回白马津。我们相知不分远近，相隔万里也如同邻居。

少府：县尉的别称。唐代县令称明府，县尉职位低于县令，故称少府。

南昌：今江西南昌市，古曾设南昌县。南昌尉：南昌县尉。

离亭：路旁驿亭。

西：古代宾主相见，座位以西为尊，主东而宾西。

青门：泛指城门。

轩：车的通称。

白马津：今河南滑县北。

背景 张九龄，字子寿，号博物，盛唐名相、诗人。他幼时聪明敏捷，9 岁知属文，13 岁能写出好文章。其诗风格遒劲，寄托深远，对扫除唐初所沿袭的六朝绮靡诗风，贡献尤大。

《送韦城李少府》是张九龄任职洪州时送别挚友所作，其中“相知无远近，万里尚为邻”两句与王勃的“海内存知己，天涯若比邻”都是千古名句，为后人传诵。

写作应用

古人创作了很多题材各异的送别诗，上一节讲的是亲人之间的离别，这首诗写的则是送别友人。送别亲人，心是苦的、痛的；送别友人，有时心中不是苦，而是昂扬开阔的情绪——只要你我相知，何分远近，纵然相隔万里，也如亲邻。这就是亲情与友情的区别。亲情重在情，是相伴、相亲，是思念、牵挂；友情重在知，是相信、相知，是理解、支持。所以，我们在写友情时，要注重思想的交流与心灵的沟通，把人与人之间的理解，人与人之间的心灵契合放在首位。因为，与没有血缘关系的人建立情谊，相识相知乃至志同道合是最重要的条件。

既然友情重在心灵契合，实际距离就不再是隔阂，因为心灵相通能够弥补地理上的距离，所谓天涯咫尺就是这个意思。“相知无远近，万里尚为邻”，正是天涯咫尺的诗意表达。同学们在描写友情时，不管是否与友人分别，都可以用这两句诗强调彼此之间的深厚情谊。甚至可以拓展出去，用这两句诗表达国家之间的外交友谊。

名句　寻常一样窗前月，才有梅花便不同。

出处　南宋杜耒《寒夜》。原文：“寒夜客来茶当酒，竹炉汤沸火初红。寻常一样窗前月，才有梅花便不同。”

释义　冬夜有客来访，我们以茶当酒，围坐炉前，火苗红了，水便沸腾起来。月光照在窗前，与平时别无两样，只因几枝梅花让月色显得与往日不同。

竹炉：指用竹篾套子套着的火炉。

汤沸：热水沸腾。

背景 杜耒（lěi），字子野，号小山，南宋诗人。《寒夜》是其创作的一首友情诗，语言清新、自然，无雕琢之笔，表现出清新、隽永的意境，让人回味无穷。

写作应用

“寻常一样窗前月”，来了志同道合的朋友，“才有梅花便不同”，气氛便别有一番韵味。“梅花”可谓一语双关，既是赞叹梅花的高洁，更是赞美二人的友谊高雅芬芳。这两句诗重在强调友人不同凡响。大家在描写友情时，可以用其突出朋友的重要性和特殊性。

在一定的语境中，利用词的多义或同音条件，使语句具有两种意思，言在此而意在彼，这种修辞手法叫作双关。刘禹锡在《竹枝词》里写道：“东边日出西边雨，道是无晴却有晴。”就像日出东方，雨落西边，你说它不是晴天吧，但又是晴天。诗人用谐音双关的手法，把天“晴”和爱“情”这两件不相关的事物巧妙地联系起来，表现出初恋少女忐忑不安的微妙感情。再如，文天祥在《过零丁洋》中写道：“惶恐滩头说惶恐，零丁洋里叹零丁。”通过双关的写作手法，概括自己两次难忘的经历，表达了惶恐、孤苦伶仃的艰难处境。

双关用到妙处会非常出彩。《林海雪原》是作家曲波创作的描写东北剿匪的长篇小说，在第三十四回有一段侦察英雄杨子荣分析土匪逃跑路线的对话——

这时我断定，匪徒们拣了这条没有雪的大山背，作为掩护逃窜的道路。为了不露他们的马脚印，想了个“雪里埋死尸”的穷点子，把马蹄全部用破麻袋片、破布、乌拉草包裹起来。他想得倒周到。可是匪徒们走上这十几里的大山背，他没想到包马蹄的麻袋片会踏烂掉在路上，露出了他们的马脚。

“马脚”一语双关，表面指包马蹄的麻袋片踏烂了，马的脚露出来了，实则指匪徒们露出了破绽。这样描写不但含蓄、幽默，而且能加深寓意，给读者留下深刻的印象。

茅盾在散文《雷雨前》中写道——

外边树梢头的蝉儿却在那里唱高调：“要死哟！要死哟！”

你汗也流尽了，嘴里干得像烧，你手里也软了，你会觉得世界末日也不会比这再坏！

作者用“要死呦”模拟蝉儿的叫声，诅咒黑暗的旧世界已到了末日。

领悟到双关的用法，我们也能写出一语双关的好句，比如“在又苦又甜的茶里，可以领悟到生活的本质”。

名句 相逢清露下，流影湿衣襟。

出处 清代袁枚《夜过借园见主人坐月下吹笛》。原文：“秋夜访秋士，先闻水上音。半天凉月色，一笛酒人心。响遏碧云近，香传红藕深。相逢清露下，流影湿衣襟。”

释义 秋夜拜访借园主人，未见其人已听到笛声。笛声在清冷的月色中飘荡，抒发着主人微醺的幽情。嘹亮的笛声让碧云难以靠近，借园深处飘来红藕的清香。我与主人在月下相逢，默默相对时衣襟都被露水沾湿了。

秋士：指借园主人。

响：指声响。

遏：指阻止，使停止。

背景 袁枚，字子才，号简斋，晚年自号仓山居士、随园主人，清代诗人、散文家、文学批评家和美食家。袁枚少有才名，擅长诗文，倡导“性灵说”，主张诗文创作应该抒写性灵，写出诗人自己的个性。他一生至少创作了6300首诗，这首《夜过借园见主人坐月下吹笛》描写了他夜访友人听其吹笛的情景，表现了其与借园主人李晴江的深厚友谊。

写作应用

袁枚的诗论理念是“凡作人贵直，而作诗文贵曲”，意思是做人贵在坦坦荡荡，直率诚实；写文章贵在波澜起伏、引人入胜，表达不需太直白，应含蓄一些，达到耐人寻味的效果。这首诗用的就是“文贵曲”的表现手法。作者没有平铺直叙，而是写听到友人的笛声后，感受友人心情的起伏，通过笛声与友人产生情感共鸣。然后写与友人相逢，却相对无语，因为友人的心声他已心领神会。作为知音，两人达到了高度的心灵默契。全诗均是写景，没有直接表达两人之间的情谊，然而读者却能感受到一股友谊之泉流注其中。

“相逢清露下，流影湿衣襟”，正是心灵相通的诗意写照。在描写朋友之间那种不言而喻的默契时，我们可以直接引用。比如——

我和同桌都喜欢古诗词，常常他上句我下句进行接龙比赛。今天早晨，我们在校门口巧遇，我开口一句“正是江南好风景，落花时节又逢君”，他马上接“花径不曾缘客扫，蓬门今始为君开”。彼此引用杜甫的诗设问作答，往来之间别有韵味。“相逢清露下，流影湿衣襟”，我们笑而不语，结伴向教室走去。

师生情

名句 **令公桃李满天下，何用堂前更种花。**

出处 唐代白居易《奉和令公绿野堂种花》。原文：“绿野堂开占物华，路人指道令公家。令公桃李满天下，何用堂前更种花。”

释义 绿野堂占尽了万物的精华，路人指着说这是裴令公的家。令公的学生已遍布天下，哪还用得着再在堂前种花呢？

奉和：作诗和别人相应和，达到一唱一和的效果。

令公：指裴度，令公是唐代对中书令的尊称。

绿野堂：裴度的住宅名，故址在今天的河南省洛阳市南。

开：创立，建设。

物华：万物的精华。

桃李：代指学生。

背景 裴度，字中立，唐代中期杰出的政治家、文学家，官终中书令，故被称为“裴令”。裴度晚年留守东都，筑绿野堂，与白居易、刘禹锡等名士一起吟诗、饮酒、弹琴等，是洛阳文事活动的中心人物。白居易在《奉和令公绿野堂种花》这首诗中，通过描写绿野堂不用种花就占尽万物的精华，来表达对裴度芳名远播、桃李满天下的赞美。

写作应用

“桃李”一词，最早见于汉代韩婴《韩诗外传》：“夫春树桃李，夏得阴其下，秋得食其实；春树蒺藜，夏不可采其叶，秋得其刺焉。”“桃李满天下”则最早见于白居易这首诗，比喻推荐的人才或培养的学生很多，各地都有。桃李成为培养的人才或学生的代指。这个借代用法沿用至今。

我们常常用“桃李满天下”赞美老师，比如：“李老师是名师，教过的学生很多考进了名校，可谓桃李满天下。”如果不用这个耳熟能详的词语，而是改为：“李老师是我们学校的名师，带了十几届高三毕业班，向名校输送了大量人才，可谓‘令公桃李满天下，何用堂前更种花'。这些学生，是他辛劳的结晶，也是他耕耘半生最好的作品。"这样表述，是不是颇有新意？切记，有些词用多了就成了套话，很难激发读者的阅读兴趣。我们要把熟知的语言陌生化，以此增强读者的阅读体验。比如，我们还可以用《论语》中颜回感叹孔子的话，"仰之弥高，钻之弥坚"，形容老师的学问高不可及，越钻研越觉得艰深，借此表达对老师的尊崇和敬仰。

名句 **新竹高于旧竹枝，全凭老干为扶持。**

出处 清代郑板桥《新竹》。原文："新竹高于旧竹枝，全凭老干为扶持。下年再有新生者，十丈龙孙绕凤池。"

释义 新生的竹子能超过原来的老竹，全靠老竹的滋养。第二年新竹长出，会再次孕育幼竹。这样周而复始，池塘周围就长满了竹子。

龙孙：竹笋的别称。

凤池：凤凰池，古时指宰相衙门所在地，这里指周围生长竹子的池塘。

背景 郑板桥，原名郑燮（xiè），字克柔，号理庵，又号板桥，清代学者、书画家、“扬州八怪”的代表人物。郑板桥一生只画兰、竹、石，自称“四时不谢之兰，百节长青之竹，万古不败之石，千秋不变之人”。其中他画竹 50 余年，成就最为突出。

《新竹》是首题画诗，后面的落款是：“孏（lǎn）石十哥弄璋之兆。板桥弟郑燮。”由此可知，这首诗和这幅画是为了祝贺其兄孏石添男丁而作的。

写作应用

这首诗前两句是回顾，表达了后辈不忘前辈的扶持、教导之恩；后两句是展望，预祝新生力量成长得更加强大。全诗以新竹生长为喻，讲述新旧相依、新陈代谢的普遍规律。我们可以引用前两句诗，表达对老师的感激之情。诗中形象生动的比喻，会让人有别开生面之感。

类似的比喻还有许多。杜甫《春夜喜雨》中的名句，“随风潜入夜，润物细无声”，本意指春雨在夜里随风落下，默默地滋润着万物，后世常用来比喻老师辛勤耕耘、默默奉献。李商隐《无题》中的名句，“春蚕到死丝方尽，蜡炬成灰泪始干”，也被用来形容师恩难报。这些表述我们都可以运用在作文中。

知识贴士

唐宋八大家

唐宋八大家，又称“唐宋散文八大家”，是唐代和宋代八位散文家的合称，分别为唐代的韩愈、柳宗元和宋代的欧阳修、苏洵、苏轼、苏辙、王安石、曾巩八位。其中韩愈、柳宗元是唐代古文运动的领袖；欧阳修、三苏（苏洵、苏轼、苏辙）四人是宋代古文运动的核心人物；王安石、曾巩是临川文学的代表人物。他们先后掀起的古文革新浪潮，使诗文发展的陈旧面貌焕然一新。

八家之名始于明初朱右编选的《八先生文集》。此后，唐顺之所纂的《文编》仅选取这八位散文家的文章，其他作家的一律不收，这对唐宋八大家的定名起了重要作用。明中叶，古文家茅坤根据朱、唐的编法加以整理，是为《唐宋八大家文钞》。此书在旧时流传甚广，“唐宋八大家”之称遂固定下来。

韩愈、柳宗元掀起的古文运动，使唐代的散文获得了极大发展，形成了“辞人咳唾，皆成珠玉”的局面。

“三苏”是苏洵、苏轼、苏辙，苏洵是苏轼和苏辙的父亲，苏轼是苏辙的哥哥，有“一门三学士”之誉。

欧阳修是苏轼的老师，王安石、曾巩也曾拜欧阳修为师。所以欧阳修、苏轼、曾巩、王安石四人，被称为宋四家，或宋朝古文四家。

唐宋八大家是主持唐宋古文运动的中心人物，他们提倡散文，反对骈文，给当时和后世的文坛带来了深远影响。

范文

我最爱的语文老师

郑其实

不论是早上、下午还是晚上，你都能看见教室里站着一个眼角爬满皱纹的女人。她总是跟在学生们的后面，就像是他们的影子。这个人就是我们的语文老师。我不喜欢她，事实上，我们班的同学都不喜欢她。原因很简单，她上课总是拖堂。

但老师似乎没有察觉到同学们的心意。上课时她总是慷慨激昂地发表大段言论，有时又突然回忆起二三十年前的事，大谈以往的学生怎么怎么好，现在的学生又怎么怎么不行。每当这时，同学们总是会用一种空洞的眼神看着她，宛若一具具失去灵魂的躯壳。

课下的她也不讨人喜欢。她布置的作业总是最多的，要求总是最严的，就连同学们下课找她去玩，她也总是一副冷冰冰的面孔，就像冬天的雪花，无论你用什么方法接触她，都只能让你的热情冷却下来。她的身上总有一种挥之不去的阴霾，使你看不清她的内心。

那天，她又将我叫到她的办公室。我将头扭向一边，静静听着她数落我。“其实老师知道，你是一个很有天分，很有创造力的孩子……”“又是这种敷衍的话。”我心中吐槽。咦，下半句呢？老师你怎么了？我不由得转过头去。“……但你还是要按照老师说的做，好好学习。”不出所料，她还是要说这句话。但是这次听完，我突然感觉心中有些不是滋味。是因为她那靠在椅子上无力的身躯吗？是因为她那看向远方，好像在回忆过去的眼神吗？还是因为她那用力抓住椅子的手？总之，我的心中冒出了一个疑惑：“这句话究竟是给我说的，还是给她自己说的？”

中考前一天，正在专心复习的我突然被她叫住。“孩子，我知道你向往自由，但自由是需要基础的。好好学吧！”我吃了一惊，没想到她会说出这样的话。我转过头，才发现她跟每个人都说了几句话。我有些失落，以为这只是她的客套话。可看着她认真的神情，我又觉得这就是她的真心话。此时，那个问题又从我的心里浮现出来。

考试结束后，同学们都在教室里尽情玩耍，释放三年来积压的种种压力。我却放松不下来。同学们吵闹的声音，似乎激发出了我内心的某种情感。它压在我心上，就像巨石压在西西弗斯身上，使我喘不过气。我离开教室，打算到窗边呼吸一下新鲜空气。忽然，我瞥见了她的身影。往常，我都是设法避开她。可这次，我的脚却不听使唤，违背我的意愿悄悄跟了上去。

我跟着她一路来到了办公室。透过门缝，依稀可以看见她好像在整理什么东西。“你还在想给他们送什么礼物呢？”这是隔壁班老师的声音，他和我们的语文老师在同一间办公室。“是啊，之前想给他们每人写一份寄语，可又觉得有些太严肃了。”“哎呀，这已经很好了。我还没你做得精致呢！”隔壁班的老师顿了顿，又说，“再说了，你每年都要送走一批学生，也不能每次都耗费这么大的精力。你都做了一周了，再重来太耗费时间了。”

她叹了口气，想了想，说道：“话是这么说，可我这一年都在上课、开会，与他们的交流太少了。这些孩子都有自己要面对的问题，我却没帮上什么忙。”说罢，只见她拿起了一张照片。那是我们前几天刚拍的毕业照。她把照片放在太阳下，眯起眼睛，将脸贴近照片细细地端详。看着老师的身影，我竟然恍惚了片刻。过了几秒钟，我才反应过来：咦，老师刚才是不是笑了？

毕业典礼上，她仍然带着一副拘谨的面容，站在同学们后面。直到最后，我都不知道那个问题的答案。不过，经过了大考又恢复平静，这种起伏让我对她的神情有了新的领悟：有的爱像盛开的花朵，让人赏心悦目；有的爱可能像核桃，外壳坚硬不太讨喜，但里面却饱含满满的营养。老师是不是像一颗坚硬的核桃呢？我看着她那倔强而又沉重的背影，不由得叹一口气。我亲爱的语文老师，你的良苦用心什么时候才能让同学们领会呢？那时，大家肯定会发自内心地喜欢你。

写作技法解析：

怎样写好人物

外貌：外貌指的是人物的外在特征，包括但不限于：皮肤颜色、高矮胖瘦、头发长短等。外貌描写一来可以让读者建立起对人物的第一印象，二是可以利用这些印象让读者先有一个粗浅的判断，然后再通过具体的事例改变读者的判断，让读者重新认识人物。这也符合我们认识一个人的一般顺序。作为文章的切入点来说，用外貌切入兼具自然性与戏剧性，是描写人物的不二之选。

日常行为与他人评价：马克思曾经说："人的本质是社会性。"的确，任何人都不能脱离社会独自存在。因此，我们在文章中也不能将人物的社会身份剥离出去。日常行为可以清晰地勾勒出人物在社会中的角色，令读者快速确定人物在社会中的位置。这会极大地增强读者的代入感，方便他们将文中的人物与自己的生活经验联系在一起。而他人的评价可以相对真实地写出人物的特点，使人物的形象更加立体，帮助读者快速了解人物。

细节与心理：这是人物描写的精髓，也是要写好人物的必修课。我们已经在前面建立起对人物的第一印象，也知道人物在社会中的情况。但这些都是别人的看法。想要塑造出一个完整的人物，就必须加入人物的第一视角。这时，我们可以将自己设为观察者，观察人物的一举一动；也可以采取对话的方式，一步一步引出人物的心理，让人物说出自己的所思所想。

为了更精确地体现人物的心理，我们就要用到细节描写。心理学家告诉我们，人们在想东西时，会有下意识的动作，比如撒谎时眼神游离，不安时会用双手抓住什么东西等。通过这些身体语言，我们就可以间接描写出人物的心理了。直接描写与间接描写相结合，我们就能为读者勾勒出一幅人物的心理画卷。

核心能力

讲故事要解决的七个问题

早在原始社会，人类就通过讲故事建立人与人之间的连接。他们白天打猎，夜晚就回到部落据点，围坐在篝火旁，边吃烤肉边讲述白天打猎的经过。在诉说与倾听之中，人与人之间的关系变得日益紧密。

如果哪个人的本领特别强，他就有可能一次又一次地成为故事的主角。如果他的故事足够精彩，就会被一次又一次地讲述；如果一代人讲完之后，下一代人还继续讲述他的故事，那这个人就可能被奉为部落的英雄。而倾听同一个英雄故事的人们，也更容易成为观念一致、荣辱与共的“我们”——故事是人与人之间建立连接的产物，反过来它也强化了这种连接。

好故事具备三个要素

既然故事如此重要，那么，我们就得先来了解一下故事的本质。英国作家赫克托·麦克唐纳在《后真相时代》一书中给故事下了这样一个定义，他说：“故事是对变化过程的选择性叙述，强调局面与事件之间的因果关系。”从这个定义我们可以看出，一个好故事要具备三个要素，即因果关系、变化过程和触发事件。

第一是因果关系，这是故事发展的逻辑所在。现实生活中，一个事件与另一个事件之间，有时有因果关系，有时没有因果关系。但是，我们写文章的时候，故事中的事件必须建立因果关系。没有因果关系，整个故事就没有逻辑，成为一盘散沙。写故事不能照搬现实生活，而是要做“选择性叙述”，原因也在于此。

好故事的第二个要素是变化过程，这是故事构成吸引力的来源。如果没有变化，也就没有了故事。变化要求故事中的人物必须有情感冲突、关系反转以及观念升华等经典桥段。如果故事的主人公出场时什么样，结束时还什么样，一点变化都没有，那这个故事岂不是白讲了吗？

好故事的第三个要素是触发事件，这是引发故事情节变化的根本原因。故事变化不能无缘无故地发生，所以必须有一个触发事件。比如电影《蜘蛛侠 1》，主人公帕克本来是一个普通学生，一不小心被变异的蜘蛛咬了，然后就拥有了超能力，变成了蜘蛛侠。帕克被蜘蛛咬就是整个故事的触发事件。

讲故事最核心的秘诀

讲完故事的三个要素，我们再来探讨一下讲故事的技巧。

讲故事最核心的秘诀就是不能平淡。一个引人入胜的故事，必须要有逻辑严密、情感激烈的冲突，即主人公有问题需要解决。故事要始终围绕主线和焦点来写，不能“跑偏”，更不能“失焦”。

那么，要写一个“勾着”人们读下去的故事，需要解决哪些问题呢？

在回答这个问题之前，我们先看一个简单的故事——

春天到了，一个盲人在路边乞讨，面前放着一个空碗。一个上午过去了，盲人的碗里散落着几个可怜的硬币，连买午餐的钱都不够。

下午，他在空碗旁边立了一块牌子，找人写上：“我是个盲人，请帮帮我！”到了晚上，碗里的硬币比上午多了一些，但也仅够盲人买一顿晚餐。

第二天早上，盲人还在同一个路口乞讨，仍然带着空碗和那个写着“我是个盲人，请帮帮我”的牌子。这时，一个好心的路人过来，把牌子上的字擦掉，然后写了一句话：“春天来了，而我却看不见。”

路上的行人看到这句改写的话，纷纷掏出零钱，放到乞丐的碗里……

这个故事虽然简短，但它包含了讲好一个故事需要解决的七个问题。这七个问题分别是——

1. 主人公的目标是什么？

2. 他的阻碍是什么？

3. 他如何努力？

4. 初次努力的结果如何？（通常不会太好，否则故事没继续下去的必要了）

5. 意外该出现了。

6. 意外发生后，情节如何翻转？

7. 结局是什么？

按照上述七个问题，我们可以拆解一下这个故事。

第一个问题，主人公的目标：盲人要得到路人的施舍。

第二个问题，他的阻碍是：从素不相识的人手中得到帮助并不容易。

第三个问题，他做出的努力是：写了“我是盲人，请帮帮我”的牌子。

第四个问题，初次努力的结果：比原来好，但施以援手的人仍不多。

第五个问题，意外发生了：一个好心人看到了他的牌子，把上面的字改成“春天来了，而我却看不见”。

第六个问题，故事发生了反转，行人看到这句改写的话，受到了触动。

第七个问题，故事结局是：行人纷纷掏出零钱，放进盲人的碗里，盲人得到众人的施舍。

大家或许看出来了，一个吸引人的故事中，主人公一定要有目标，为了达成目标，他才采取种种行动。同时，故事要吸引人，就得有波折，不能让主人公轻易实现目标——目标一旦实现，故事也就该结束了。所以，在设定目标和实现目标之间，作者就必须设置阻碍。有了阻碍，主人公就要设法克服。在克服重重阻碍的过程中，若再出现意外和反转，那故事就有出乎意料又在情理之中的效果，令人津津乐道。这个规律是人们在讲故事的长期实践中总结出来的，用七个问题将这一规律做精细化表述，无疑增加了讲故事的可操作性。

讲好故事的七个步骤

把讲好故事要解决的七个问题，用在写作实践上，我们可概括为七个步骤：目标—阻碍—努力—结果—意外—反转—结局。几百字的故事要吸引人得这么讲，十几万字的长篇小说也需要这样讲故事。下面，我们就用这七个步骤拆解一下法国作家儒勒·凡尔纳的小说《80天环游世界》——

1. 目标：主人公霍格跟朋友打赌，要在80天内环游世界一周，并以全部财产做赌注。于是，他开始环游世界。

2. 阻碍：第一，霍格被误认为是银行大盗，沿途遭警察各种阻拦。第二，他是个心地善良的人，途中常常为了救人而耽误行程。比如，从婆罗门教手里拯救了即将陪葬的印度女孩。

3. 努力：霍格用尽各种方法赶时间，比如，为了走捷径，冒险乘坐大象、搭火车过断桥等，好几次险些丧命。

4. 结果：环游世界一周，回到英国伦敦，共用了80天又5分钟，打赌输了。

5. 意外：根据出发地英国伦敦的日期显示，他只花了79天又5分钟。

6. 反转：因为地球自转，形成了时差。当霍格往东走，绕地球一周，花费的时间会减少一天。反之则会多一天。

7. 结局：霍格打赌赢了，同时，还因为好心肠而抱得美人归。

知道了讲故事要解决的七个问题之后，大家以后读小说或看电影的时候不妨用心分析一下，看他们是怎样步步为营讲故事的。经常分析别人讲过的精彩故事，我们自己讲故事的水平也会随之提升。此外，知道讲故事的基本规律后，我们写故事也能做到心中有数。

爱听故事是人类的一种本能，因为故事天然具有亲民属性。对此，英国大诗人塞缪尔·泰勒·柯勒律治说："当我们进入故事世界的时候，一切都变得不一样了。我们会自愿放弃怀疑。"现代心理学研究也证明了故事的魔力，当别人被你的故事所吸引的时候，他们对你的信任度能从 30% 提高到 70%。其原因就在于故事承载了情感价值，能让听故事的人放下心中的评判标准，去接受一个曾经不认可的事物。

针对讲故事的重要性，科普作家高爽也说："人类需要讲故事和听故事。我们唯一记得住的知识，只能是包含在故事里的知识；我们唯一会感动的，只能是和自己有关的故事中的情感。"

莫言在诺贝尔文学奖颁奖典礼上，满怀深情地讲述了亲身经历的几个小故事。演讲的最后，他说："我是个讲故事的人。”

可见，讲故事是传播信息、构建连接的最佳方式。而学会讲故事，则等于握有了一项增加传播力、扩大影响力的利器——它是征战文字沙场的方天画戟和青龙偃月刀。